# INICIAÇÃO À VIDA CRISTÃ

*Batismo, Confirmação e Eucaristia de Adultos*

*Livro do catequizando*

## COLEÇÃO ÁGUA E ESPÍRITO

INICIAÇÃO À VIDA CRISTÃ

- *Batismo; Confirmação / Eucaristia de adultos*
  Livro do Catequista e Livro do Catequizando
  Leomar A. Brustolin e Antonio Francisco Lelo

- *Catecumenato crismal*
  Livro do Catequista, Livro do Crismando e Livro da Família
  Nucap

- *Perseverança*
  Livro do Catequista, Livro do Catequizando e Livro da Família
  Nucap

- *Eucaristia*
  Livro do Catequista, Livro do Catequizando e Livro da Família
  Nucap

- *7-8 anos*
  Livro do Catequista e Livro do Catequizando e da Família
  Nucap

- *Iniciação à vida cristã dos pequeninos*
  Livro do Catequista e Portfólio do Catequizando e da Família
  Erenice Jesus de Souza

- *Batismo de crianças*
  Livro do Catequista e Livro dos Pais e Padrinhos
  Nucap

Leomar Antônio Brustolin
Antonio Francisco Lelo

# INICIAÇÃO
# À VIDA CRISTÃ

*Batismo, Confirmação e Eucaristia de Adultos*

*Livro do catequizando*

Paulinas

Dados Internacionais de Catalogação na Publicação (CIP)
(Câmara Brasileira do Livro, SP, Brasil)

Brustolin, Leomar Antônio
  Iniciação à vida cristã : batismo, confirmação e eucaristia de adultos : livro do catequizando / Leomar Antônio Brustolin, Antonio Francisco Lelo. – 7. ed. – São Paulo : Paulinas, 2011. – (Coleção água e espírito)

  ISBN 978-85-356-2893-7

  1. Batismo  2. Crisma  3. Sacramentos  I. Lelo, Antonio Francisco. II. Título.  III. Série.

11-09487                                              CDD-234.161

Índice para catálogo sistemático:
1. Batismo : Sacramentos : Cristianismo       234.161

7ª edição – 2011
14ª reimpressão – 2024

Direção-geral: *Flávia Reginatto*
Editora responsável: *Vera Ivanise Bombonatto*
Copidesque: *Anoar Jarbas Provenzi*
Coordenação de revisão: *Andréia Schweitzer*
Revisão: *Marina Mendonça e Ana Cecilia Mari*
Direção de arte: *Irma Cipriani*
Gerente de produção: *Felício Calegaro Neto*
Capa e editoração eletrônica: *Manuel Rebelato Miramontes*

*Nenhuma parte desta obra poderá ser reproduzida ou transmitida por qualquer forma e/ou quaisquer meios (eletrônico ou mecânico, incluindo fotocópia e gravação) ou arquivada em qualquer sistema ou banco de dados sem permissão escrita da Editora. Direitos reservados.*

Cadastre-se e receba nossas informações
www.paulinas.com.br
Telemarketing e SAC: 0800-7010081

**Paulinas**
Rua Dona Inácia Uchoa, 62
04110-020 – São Paulo – SP (Brasil)
📞 (11) 2125-3500
✉ editora@paulinas.com.br

© Pia Sociedade Filhas de São Paulo – São Paulo, 2006

A gente quer ser feliz,
Isso é bom, isso é correto.
Pedir a ajuda de Deus,
É importante, decerto,
Mas é preciso empenho,
É necessário humildade,
Abertura, para aprender.
Pois ser feliz se aprende,
Como a ler e escrever.
Mas a escola é a vida,
A tal arte de viver.
(Maria das Graças,
Diocese de São Miguel Paulista, SP)

Senhor Jesus [...],
livrai da morte os que buscam a vida
através de vossos sacramentos [...];
comunicai-lhes,
pelo vosso Espírito vivificante,
a fé, a esperança e a caridade [...].
(RICA, n. 178)

# Introdução

"Eu sou o Caminho, a Verdade e a Vida" (Jo 14,6). Jesus Cristo, no evangelho de João, se autodenomina o único Caminho que leva ao Pai, pois nele está a Verdade e toda fonte da Vida. Conhecer Jesus, portanto, é seguir uma estrada cujo fim realiza o mais profundo desejo do coração humano: amar a Deus, que nos amou primeiro. Para colocar-se nesse caminho não basta conhecer doutrinas ou saber muitas teorias; é preciso trilhar a via de Jesus no dia-a-dia e tornar-se digno de ser chamado "cristão", seguidor de Cristo:

> Um judeu chamado Apolo, natural de Alexandria, tinha chegado a Éfeso. Era homem eloqüente, versado nas Escrituras. Tinha recebido instrução no caminho do Senhor e, com muito entusiasmo, falava e ensinava com exatidão a respeito de Jesus, embora só conhecesse o batismo de João. Então, ele começou a falar com muita convicção na sinagoga. Ao escutá-lo, Priscila e Áquila acolheram-no e expuseram-lhe o caminho de Deus com maior exatidão (At 18,24-26).

O livro dos Atos dos Apóstolos nos apresenta o judeu Apolo como conhecedor do caminho de Jesus. Caminho: assim foi denominado pela primeira vez o cristianismo. Os cristãos se sentiam seguidores do caminho, de Jesus. No texto dos Atos dos Apóstolos, Apolo foi instruído com maior precisão por outros dois cristãos: Priscila e Áquila. Eles viram que Apolo tinha condições de aprofundar a fé e a prática cristã, por isso cuidaram pessoalmente de lhe ajudar.

Muitas pessoas conhecem Jesus, amam seus ensinamentos e procuram viver de acordo com sua mensagem, mas necessitam de algo mais. Muitos são Apolos que procuram Priscilas e Áquilas de hoje, capazes de ajudar a viver melhor a fé em Cristo.

O presente texto é um subsídio para o processo de fé com adultos que pretendem receber os sacramentos da iniciação cristã. A iniciação cristã acontece quando a pessoa recebe os três sacramentos da iniciação — batismo, confirmação e eucaristia — e também passa por um processo adequado de fé. Faltando um desses elementos, é necessário completar.

Este itinerário de educação da fé dirige-se aos adultos e jovens não batizados (chamados de catecúmenos), e adultos e jovens batizados que não percorreram o caminho catecumenal e/ou não receberam os sacramentos da confirmação e/ou da eucaristia (cf. RICA, cap. IV). A partir do estudo global do *Ritual* podemos identificar os elementos principais que compõem o processo unitário da iniciação.

A proposta deste livro supõe uma nova postura em relação à catequese com adultos. A conversão de mentalidade não se confunde com o modelo pastoral de conversão preocupado em celebrar os sacramentos às pressas. Os sacramentos não podem ser colocados apenas como ponto de chegada, como simples conclusão de uma tarefa, sem que os candidatos descubram sua necessária continuidade de aprofundamento em uma vida litúrgica que seja cume e fonte de suas ações na Igreja e no mundo. Não se deve batizar adultos após uma rápida preparação catequética. Menos ainda utilizando o *Ritual de batismo de crianças*.

*Iniciação à vida cristã* é um trabalho pioneiro que dispõe a pedagogia do RICA em interação com os textos catequéticos. O conjunto das catequeses trabalha a história da salvação, revela a forma como Deus foi tecendo um caminho no qual a humanidade foi percebendo a ação divina no mundo. Os temas bíblicos aparecem relacionados aos pontos fundamentais da fé cristã, professados nos artigos do Creio, que por sua vez referem-se aos princípios de prática cristã (os preceitos). O objetivo não é apenas oferecer conhecimentos teóricos, mas, principalmente, aprofundar os temas relevantes e fundamentais para alguém ser membro da Igreja.

Apresentamos o processo da iniciação para ser percorrido durante um ano. Começa-se logo depois do tempo pascal e encerra--se na solenidade de Pentecostes do ano seguinte. O itinerário está dividido em quatro etapas com celebrações que marcam a passagem de uma a outra:

1) *Encontrei o Senhor*: tempo do pré-catecumenato que se caracteriza pelo anúncio da pessoa de Jesus Cristo e pelos primeiros contatos que o candidato estabelece com a comunidade mediante seu padrinho, ou introdutor, e dos catequistas.

2) *A estrada da fé*: tempo próprio do catecumenato que concentra o maior número de catequeses e no qual se celebram alguns ritos específicos dessa etapa.

3) *As luzes na caminhada*: coincide com o tempo da quaresma. Nesta etapa o candidato dá passos decisivos em direção dos sacramentos a serem celebrados na Vigília Pascal. Celebram-se os escrutínios e a penitência, e promove-se intensa preparação espiritual.

4) *A vivência da Páscoa*: transcorre durante os cinqüenta dias do tempo pascal. Os batizados experienciam e aprofundam o sentido dos sacramentos recebidos e também estreitam a participação na vida da comunidade.

Este livro deve ser complementado pelo livro do catequista, que situa o modelo da iniciação cristã em uma ampla visão sacramental, oferece uma metodologia para se trabalhar as etapas da iniciação e explicita a organização catecumenal. Tal volume servirá de orientação e guia para a equipe responsável pela animação do catecumenato planejar o andamento das catequeses e celebrações.

LEOMAR ANTÔNIO BRUSTOLIN
ANTONIO FRANCISCO LELO

# ENCONTREI O SENHOR

*Capítulo 1*

# Formamos um grupo

## ACOLHIDA

O grupo do catecumenato é uma família. Aqui vamos socializar nossas experiências de vida pessoal e familiar, nossas dúvidas de fé e nossa missão na sociedade. Queremos conhecer Cristo, ser seus discípulos e refletir sobre o nosso papel no mundo. Enfim, verificar o que podemos fazer para que a nossa Igreja-comunidade e a nossa cidade tornem-se mais humanas, mais fraternas e solidárias, mais sinais do Reino de Deus já presente entre nós.

Em nosso encontro de hoje, iniciamos o caminho a ser trilhado pelo grupo. Em primeiro lugar, é importante nos conhecermos e nos querermos bem para depois nos ajudarmos mutuamente. O grupo será o lugar de apoio e de confirmação de nossa fé.

(Os dirigentes esclarecem o processo de preparação: o que é, seus objetivos, sua duração e como será a celebração dos sacramentos.)

## DINÂMICA

### A rede

1º passo: Cada um apresenta-se com simplicidade; fala sobre si mesmo (nome, família, trabalho, expectativas...); conta um pouco de sua história e por que veio para a comunidade eclesial.

Observação: Entre a participação de uma e outra pessoa, canta-se uma estrofe de uma música. Preparar os participantes para anotar os nomes dos companheiros e o que mais lhes chamar a atenção na apresentação de cada um.

2º passo: Todos os componentes do grupo colocam-se em círculo. Com um novelo de barbante, alguém dá início dizendo: "Eu jogo o novelo para (*nome da pessoa*), porque ele/ela tem/é (*uma qualidade ou uma característica percebida na apresentação*)". Quem recebeu o novelo segura o barbante e joga o novelo para outra pessoa da roda. Assim continua até todos os participantes terem recebido o novelo, formando uma rede.

3º passo: Refletir. Os participantes permanecem de pé na mesma posição segurando o barbante.

- O que formamos com o barbante? (*As opiniões serão acolhidas cuidadosamente.*)
- Será que conseguiríamos tecer essa rede sozinhos?
- O que podemos fazer para fortalecer o nosso grupo?

"Como é bom e agradável que o povo de Deus viva unido como se todos fossem irmãos!" (Sl 133,1). Sou importante porque construo a rede. O grupo é importante porque também ajudou a construí-la. Um sozinho não forma a rede. Sozinho, não formo um grupo.

(Canto de aclamação ao Evangelho.)

## A Palavra de Deus

Proclamar: Marcos 1,14-19.

O grupo aprofunda o texto. Cada membro deve sentir-se, pessoalmente, chamado pelo Senhor.

# BÊNÇÃO

RICA, n. 119: Quem coordena o encontro estende as mãos em direção aos candidatos (que se colocam de joelhos) e diz:[1]

*Oremos. Senhor Deus todo-poderoso, olhai os vossos servos e servas que são formados segundo o Evangelho de Cristo; fazei que vos conheçam e amem, e, generosos e prontos, cumpram a vossa vontade. Dignai-vos prepará-los por esta santa iniciação e tornai-os membros ativos da vossa Igreja para que participem dos vossos mistérios neste mundo e na eternidade. Por Cristo, nosso Senhor.*

**Todos:** Amém.

Ao terminar a bênção, os catequizandos aproximam-se de **quem preside** e este impõe as mãos sobre cada um.

---

[1] RICA, n. 123.

*Capítulo 2*

# Encontrar Jesus

### ACOLHIDA

Nossa vida é marcada por encontros. Desde criança, aprendemos lentamente a viver neste mundo. A primeira experiência que fazemos é a percepção dos outros: a mãe, o pai, a família etc. Observando as pessoas ao nosso redor, descobrimos formas de agir, falar, expressar e conviver. O tempo passa e a criança realiza outra descoberta: o "eu". É o despertar da consciência, o encontro consigo mesma. Crescemos, então, construindo a nossa personalidade entre encontros com os outros, decisões e opções pessoais. Vamos definindo gostos, tecendo relações e projetando sonhos. Por fim, constatamos que vivemos numa sociedade onde muitos "eus" convivem, pois cada pessoa tem seu jeito único de ser, mas convive com os outros entre diálogos, conflitos e esperanças comuns.

### O ENCONTRO QUE MUDA A VIDA!

Dentre os muitos encontros que alguém faz durante a vida, há o momento de encontrar alguém para amar, para caminhar junto, para olhar na mesma direção. A vida passa a ser experimentada como companhia, parceria e comunhão. Esse encontro é muito importante, pois faz compreender que ninguém foi criado para viver solitário. Somos seres relacionais e precisamos conviver. Nesse desejo de estar com alguém, há um anseio de relação. Queremos sempre viver e, mais, conviver. É por isso que, apesar das muitas realizações que a vida nos proporciona, resta sempre uma busca por algo maior: uma convivência plena. É o desejo de Deus!

Somos remetidos para o encontro absoluto e misterioso com aquele que nos criou. É o encontro com a fonte da vida, o farol a guiar-nos no mar da existência. Sabemos que não sossegaremos enquanto não encontrarmos a Deus, que dá sabor, sentido e alegria ao viver humano. A cada dia experimentamos momentos de esperanças e de angústias, temos encontros e separações, convivemos com pessoas que nos alegram e outras que nos ferem, enfim, tudo muda e tudo passa sempre. Buscamos, então, o que não passa, o que dura eternamente. Queremos um encontro que sacie nossa carência de conviver, que alimente a nossa esperança de não morrer, que nos console na dor e seja a companhia de nossa solidão. Quando alguém encontra a Deus, acolhe em sua vida o sentido maior de tudo o que existe. A vida não é mais a mesma, pois o coração humano bate mais forte por ter experimentado o amor do Criador pela criatura.

Muitos procuram esse encontro. Tantos conseguem! Outros se cansam na caminhada e desistem de procurar. Preferem fugir desse desejo alimentando sonhos passageiros: o dinheiro, o sucesso, o prazer e o poder, por exemplo. Há gente que não busca a Deus porque trocou essa companhia pelas ofertas passageiras do mundo. Preferiram abraçar o que é provisório e adiaram o confronto com a sede humana de Deus. Dizem que não têm tempo para isso e que não acreditam em um ser criador que nos ama e nos cuida. Todos somos livres para buscar esse encontro com Deus ou desistir, fugir, esquecer que alguém nos ama mais que tudo e que todos.

## Dois encontros

Não é, porém, somente o ser humano que deseja Deus e o busca. Deus também vem ao encontro de cada ser humano para revelar seu amor, sua ternura e seu cuidado de Pai. Enquanto a pessoa procura o seu Criador, encontra-se com Deus, que vem visitar sua criatura para abraçá-la. Quando Deus e as pessoas se encontram, cria-se uma amizade, um amor, um relacionamento íntimo. Quem encontra a Deus não tem todas as respostas às perguntas da vida, nem mesmo está livre de sofrimentos e provações; mas, com Deus em sua vida, o ser humano recebe mais que respostas: encontra uma Presença que muda a sua vida. Quem procurava o sentido para viver acaba encontrando a Vida!

O encontro com Deus une o céu e a terra, o invisível toca o visível. O humano mortal descobre uma realidade infinita e imortal. De diferentes formas a história registra as buscas humanas rumo ao Criador. As religiões são expressões desse desejo. Nenhum encontro, contudo, foi mais claro, maduro e lúcido do que a vinda de Jesus Cristo. Para nós, que buscávamos sinais de luz, Deus veio nos visitar com sua própria luz. Em Cristo, o céu habitou a terra. E o nosso mundo conheceu o amor de Deus feito gente, feito carne em Jesus de Nazaré.

## *Encontrar Jesus*

Depois da vinda de Cristo ao mundo, as buscas ficaram mais evidentes. Não é preciso procurar a Deus em lugares longínquos; basta seguir os passos e os sinais que Jesus apontou para encontrar o Pai. Olhando os gestos e as palavras de Jesus, vemos o quanto ele é a revelação do amor de Deus para conosco. Ninguém nos amou como Jesus nos ama. Cada doente, criança, pobre ou sofredor enxergou em Jesus uma presença amorosa que devolveu a alegria de viver para quem estava abatido e cansado pelo peso de seus dias. O encontro com Jesus aquece o coração humano, cura os feridos, sacia os sedentos de justiça e consola os aflitos. Jesus abre uma nova vida para todos. Pelo caminho do amor ele ultrapassa as barreiras da morte e nos conduz para a pátria de Deus. Quem encontrou Jesus Cristo e segue-o pelas estradas da vida já vive a felicidade de Deus entre as luzes e sombras deste mundo, porque já sabe que herdará o Reino de Deus no qual justiça e paz se abraçarão.

# Para conversar

- Você já se encontrou com Jesus? Quando?
- Alguém poderia partilhar a sua experiência do encontro com Jesus?
- O que muda depois que nos aproximamos de Jesus?

# A Palavra de Deus

Paulo, apóstolo, encontrou Jesus e nunca mais foi a mesma pessoa. Sua vida ganhou novo sentido depois de Cristo. Um texto pode nos ajudar a ver como um encontro com Jesus pode mudar a nossa vida.

Proclamar: Atos dos Apóstolos 22,3-16. Como Paulo se encontra com Jesus? O que acontece?

Paulo está falando aos cristãos de origem judaica, em Jerusalém. Ele deve explicar por que deixou de ser um perseguidor e matador de cristãos e passou a pregar Cristo em todos os lugares. No discurso ele recorda o primeiro encontro que teve com Jesus no caminho de Damasco. Disse que ficou três dias sem enxergar, porque na verdade tudo o que via até então perdera o sentido. Somente na presença de Ananias, discípulo de Jesus, Paulo abriu os olhos e foi batizado. Ele tornou-se um apóstolo incomparável, pois anunciou o nome de Jesus em muitas cidades do mundo antigo:

> Foi como profeta que por primeiro Jesus foi identificado: "Um profeta poderoso em obra e em palavra, diante de Deus e diante de todo o povo" (Lc 24,19). O Espírito de Deus estava sobre ele e o conduziu em toda sua existência, ungindo-o para anunciar a Boa-Nova aos pobres, para proclamar a libertação aos presos e, aos cegos, a recuperação da vista; para dar liberdade aos oprimidos e proclamar um ano de graça da parte do Senhor (cf. Lc 4,16-22).
>
> Jesus, o Filho de Deus, é a Palavra encarnada, o missionário do Pai, totalmente inserido na história, solidário com todos os seres humanos. Suas palavras e seus gestos, sua atitude e suas obras, seu mistério

pascal, eram em si mesmos anúncio da Boa-Nova do Reino a exigir conversão, mudança radical de mentalidade e de coração, um rumo novo para a história. Qualquer atitude ou gesto de Jesus proclamava o infinito amor de seu Pai por nós. Inseparavelmente, revelava também para as consciências dos que o viam e ouviam a secreta e sutil presença do mal na vida das pessoas e na cultura de seu tempo. O gesto de assentar-se à beira do poço de Jacó e pôr-se em diálogo com uma mulher, samaritana e pecadora, era, por si mesmo, anúncio da Boa-Nova da misericórdia de Deus e denúncia dos humanos preconceitos que infectavam a cultura de seu tempo e de seu povo (cf. Jo 4,4ss).

A presença e a palavra de Jesus anunciam um futuro, já iniciado — o Reino —, maravilhoso para a humanidade, e explicitam que rupturas se devem fazer para concretizá-lo no hoje da história. Ele teve a lucidez do Espírito para perceber as articulações do mal nas pessoas e na cultura de seu tempo, a coragem de denunciá-las, apontando caminhos de conversão, e teve profunda compaixão diante de suas vítimas — todos nós — pelas quais ofereceu sua vida. A forma como se entregou ao Pai consuma sua existência profética e é ela mesma a profecia que nos aponta o caminho da doação, do perdão e da reconciliação como o único caminho possível para uma radical transformação da história humana.[1]

## Testemunho de um Papa

O Papa Paulo VI cuidou da Igreja de 1963 a 1978. Foi um grande Papa, inteligente e fiel à missão que recebera de suceder são Pedro. Um de seus escritos expressa o que significa Jesus Cristo na vida do cristão:

> É ele o centro da história e do universo. Ele nos conhece e ama, o companheiro e o amigo em nossa vida, o homem das dores e da esperança. Ele é quem de novo virá, para ser o nosso juiz, mas também — como confiamos — a eterna plenitude da vida e nossa felicidade.
> Jamais cessarei de falar sobre ele. Ele é a luz, é a verdade, mais

---

[1] CNBB. *Evangelização e missão profética da Igreja*; novos desafios. São Paulo, Paulinas, 2005. n. 1.1.2, pp. 24-25 (Documento, n. 80).

ainda, é o Caminho, a Verdade e a Vida. É o pão e a fonte de água viva, saciando a nossa fome e a sede. É o pastor, o guia, o modelo, a nossa força, o nosso irmão. Assim como nós, mais até do que nós, ele foi pequenino, pobre, humilhado, trabalhador, oprimido, sofredor. Em nosso favor falou, fez milagres, fundou novo Reino onde os pobres são felizes, onde a paz é a origem da vida em comum, onde são exaltados e consolados os de coração puro e os que choram, onde são saciados os que têm fome de justiça, onde podem os pecadores encontrar perdão e onde todos se reconhecem irmãos.

Vede, este é o Cristo Jesus, de quem já ouvistes falar, em quem muitíssimos de vós já confiam, pois sois cristãos. A vós, portanto, ó cristãos, repito seu nome, a todos o anuncio: Cristo Jesus é o princípio e o fim, o alfa e o ômega, o rei do mundo novo, a misteriosa e suprema razão da história humana e de nosso destino. É ele o mediador e como que a ponte entre a terra e o céu. É ele, o Filho do Homem, maior e mais perfeito do que todos por ser o eterno, o infinito, Filho de Deus e Filho de Maria, bendita entre as mulheres, sua mãe segundo a carne, nossa mãe pela comunhão com o Espírito do Corpo místico.

Jesus Cristo, não vos esqueçais, é a nossa inalterável pregação. Queremos ouvir seu nome até os confins da terra e por todos os séculos dos séculos![2]

## *Para conversar*

- Qual das frases anteriores mais lhe chamou a atenção e por quê?

- Quando o Papa disse: "Jesus é o pão e a fonte de água viva, saciando a nossa fome e a sede"; "Assim como nós, mais até do que nós, ele foi pequenino, pobre, humilhado, trabalhador, oprimido, sofredor"; e "Jesus é a ponte entre o céu e a terra", o que ele quis dizer?

## ORAÇÃO

---

[2] PAULO VI, Homilia em Manila, 29/11/1970, In: *Liturgia da Horas*. São Paulo, Paulinas e co-editores, 1996. v. III, pp. 376-377.

*Senhor Jesus, amado do Pai,*
*nós te buscamos todos os dias, queremos encontrar-te.*
*Tu és a razão do nosso caminho, nosso destino e nossa paz.*
*Na estrada da vida temos muitos desvios, atalhos.*
*Há montanhas a serem escaladas,*
*e há mares a serem navegados.*
*Mas sempre queremos estar contigo em todas as jornadas.*
*Tu és a fonte que sacia toda nossa sede,*
*a luz que clareia a noite escura, o pão de quem tem fome.*
*Tu és a alegria da vida, o consolo nas horas difíceis,*
*o amigo de todas as horas.*
*Nós queremos viver sempre contigo.*
*Nós te agradecemos o amor que tens para cada um de nós.*
*És nosso cuidador, nosso irmão e nosso Deus.*
*Obrigado, Senhor, porque nossa vida seria ilusão*
*sem o encontro contigo.*
*Jesus, amigo, irmão e Senhor, caminha sempre conosco.*
*Nós te amamos.*
*Amém.*

*Capítulo 3*

# Jesus Cristo ontem, hoje e sempre

### ACOLHIDA

Há muitos motivos para as pessoas se reunirem: parentes, amigos, time de futebol, escola, trabalho. Geralmente estamos cercados de pessoas que têm uma meta comum.

Neste *Caminho de fé*, estamos reunidos porque uma pessoa nos atraiu e congregou: Jesus. Ele é a razão de estarmos aqui, seu amor nos toca o coração e por isso não conseguimos permanecer indiferentes. Sabemos todos, por experiência, que Deus nos ama em Jesus Cristo. Mais, sabemos que ninguém nos ama tanto quanto Jesus. É por causa desse amor que somos levados a aprofundar, estudar, ler e conhecer mais quem foi Jesus de Nazaré, porque sentimos sua presença em nossa vida hoje.

O que nos fascina em Jesus não são só os fatos que realizou naqueles dias passados na Palestina, mas principalmente o que ele continua fazendo por nós hoje, em nossa história concreta, consolando nossas vida, animando nossa caminhada. O Cristo de hoje é o mesmo Jesus de ontem e será o Senhor do futuro sem fim. Vamos então conhecer como as primeiras pessoas sentiram essa presença capaz de mudar a vida humana. Vamos ouvir de Pedro, Paulo, Madalena e Maria como eles experimentaram esse amor infinito que invadiu suas vidas e continua nos atingindo. Se é verdade que ninguém ama o que não conhece, precisamos beber das fontes primeiras para conhecer melhor Jesus e saber o quanto ele nos ama. Quantas descobertas faremos, quanto amor a ser revelado...

## JESUS ONTEM

Os discípulos e apóstolos de Jesus sofreram muito ao vê-lo pregado na cruz. Naquela hora parecia-lhes que o fim tinha chegado. Não eram capazes de alimentar nenhuma esperança naquele homem que havia falado tantas coisas bonitas, tocado o coração de tanta gente. Estava presa e machucada a mão que curara leprosos. Estava ensangüentado aquele braço que se erguera e acalmara o mar. Estavam fechados os olhos que abençoaram os lírios do campo e as aves do céu. Estava calada a voz terna e firme do amor que perdoara pecadores, condenara a injustiça e devolvera a dignidade humana.

Diante desse cenário, os discípulos estavam mudos e temerosos. De repente, porém, vem até eles, sem esperar, uma força do alto, a ação do Espírito Santo. Essa força possibilita que eles aqueçam o próprio coração, que deixem cair as escamas que a morte tinha colocado sobre seus olhos. O Espírito de Deus entra na vida dos apóstolos e faz entender que Jesus crucificado está vivo, ressuscitou, como havia prometido. Aos apóstolos cabe acolher essa novidade absoluta que lhes devolve a alegria da vida e os torna anunciadores da melhor notícia que já foi proclamada: o Crucificado vive e nos ama.

## *A Palavra de Deus*

Ouçamos como são Pedro fez esse primeiro anúncio da Ressurreição de Jesus.

Proclamar: Atos dos Apóstolos 2,22-24.

Pedro, ao receber o dom do Espírito, cheio de coragem e lucidez, fala a todos os que se encontram em Jerusalém. É o primeiro anúncio da fé pascal. Naquela hora ele comunica os pontos principais da fé cristã que nascia. Pedro insiste em dizer que:

- Jesus é aquele que foi anunciado pelos profetas no Antigo Testamento.

- Jesus viveu no meio de nós, realizando milagres e prodígios — sinais da presença de Deus.

- Jesus foi crucificado.

- Este Jesus, Deus o ressuscitou.

- Jesus foi exaltado à direita de Deus.

- Jesus enviou o Espírito Santo.

- Convertei-vos...

Pedro fala de Jesus com paixão, com entusiasmo. Está cheio da alegria do Espírito Santo. Não tem medo de dizer aos judeus que Jesus é o Messias que eles esperavam. Faz memória das ações e palavras de Jesus que revelavam seu amor para a humanidade. Mas Pedro também denuncia a maldade humana que torturou Jesus e assassinou-o no madeiro da cruz. Em seguida, o apóstolo proclama a novidade maior: ele está vivo! Deus ressuscitou Jesus e deu a conhecer que ele está sentado à direita do Pai. Essa expressão, na tradição oriental, dá a entender que ele reina como o Pai, pois está sentado no mesmo trono. Entende-se, portanto, que também Jesus é Deus. Finalmente são Pedro ensina que foi graças à vinda do Espírito Santo que se revelou essa maravilha. Aos seres humanos, esse fato pede conversão, isto é, mudança de vida, novo olhar, reconhecimento de Jesus, acolhimento dele na vida.

## *Para conversar*

- Quais os elementos que Pedro usou ao fazer o anúncio?

Quando os apóstolos começaram a anunciar Jesus Cristo como o Senhor de tudo e de todos, muitos sinais e milagres acompanharam a pregação.

# A Palavra de Deus

Vejamos como Pedro e João curam um aleijado em nome de Jesus.

Proclamar: Atos dos Apóstolos 3,1-10.

Da mesma forma que aconteceu com Jesus, também com os discípulos o povo se alegrou e as autoridades reagiram negativamente. Por que a rejeição? Ora, a nova vida trazida por Jesus vem libertar o povo de todo tipo de escravidão e dependência. Enquanto as autoridades se preocupam em manter o povo sob o seu controle, Deus o torna verdadeiramente livre. Enquanto as autoridades procuram manter seus privilégios e interesses egoístas, Deus revela um caminho novo de justiça e igualdade para todos, especialmente para os excluídos.

Com a cura do aleijado a mensagem cristã revela o desejo de Jesus de que ninguém mais dependa de esmola para sobreviver. A comunidade cristã, que segue o exemplo de Jesus, vai garantir vida e liberdade para todas as pessoas. Isso incomoda os que querem continuar a dominação. Por causa disso, as autoridades perseguem, caluniam, prendem e matam os que seguem o novo caminho. Assim como fizeram com Jesus, vão fazer com muitos cristãos e cristãs.

O homem curado passa a seguir Pedro e João. Há, porém, a necessidade de explicar que o poder não é de Pedro ou de João, mas de Deus, que se manifesta através da comunidade que vive o amor e a partilha. Por isso, junto com a prática vem o anúncio da Boa-Notícia. É o que Pedro faz no segundo discurso. Aí, novamente, ele aprofunda o primeiro anúncio da Boa-Nova e explica o sentido da ação de cura. Pede conversão, mudança de mentalidade e de jeito de viver.

## Palavra de Deus

Proclamar: Atos dos Apóstolos 3,11-21.

## Para conversar

- Por que Pedro teve de se pronunciar?
- De que forma Pedro explica que ele não é o autor da cura?
- O que exige o Deus de Jesus Cristo para aqueles que viram os sinais e ouviram a Boa-Nova?

## JESUS HOJE

Hoje Deus continua se manifestando em nosso meio. Sentimos sua presença amorosa que convida a um novo estilo de vida sem exclusão, sem injustiça e sem dor. Há, porém, quem se esqueça de Jesus Cristo nas buscas que faz e prefere procurar milagreiros, curandeiros, magos e outros manipuladores do sagrado. A fé cristã é bem clara: só Deus pode agir em favor da humanidade em Jesus Cristo. Só Cristo salva!

## Para conversar

- Quando percebemos que Jesus é o Senhor da nossa vida?
- O que nos impulsiona a seguir nesse caminho de Cristo?
- Quais as conversões que esse amor de Jesus nos pede no dia-a-dia?
- Hoje, também Pedro precisa fazer discursos esclarecedores para um povo que confunde os sinais e esquece de Cristo? Por quê?

No livro dos Atos, cada pessoa ou grupo que acolheu Jesus Cristo como Senhor da sua vida é chamado a perguntar-se: "E agora, o que devo (devemos) fazer?" (cf. At 2,37; 9,6; 16,30; 22,10).

O Papa João Paulo II traduziu essa missão numa carta que escreveu no início deste milênio:

Quem verdadeiramente encontrou Cristo não pode guardá-lo para si; tem de o anunciar. É preciso um novo ímpeto apostólico, vivido como compromisso diário das comunidades e grupos cristãos. Que isso se faça, porém, no devido respeito pelo caminho próprio de cada pessoa e com atenção pelas diferentes culturas em que deve ser semeada a mensagem cristã, para que os valores específicos de cada povo não sejam renegados, mas purificados e levados à sua plenitude.[1]

Os seguidores de Jesus procuravam esclarecer a si mesmos e aos outros o sentido de trilhar o caminho de Cristo. Para os judeus, eles acentuavam Jesus como o realizador de todas as promessas do Antigo Testamento. Para os camponeses, anunciavam Jesus como o Senhor de toda natureza e de tudo o que existe. Para os gregos, falavam do Deus desconhecido que se revelou em Jesus. O anúncio, portanto, era adaptado a cada público. O importante era anunciar Jesus Cristo, morto e ressuscitado que revelou um amor infinito pela humanidade a ponto de nos livrar da morte e nos salvar. Essa verdade exige seguimento, conversão e anúncio.

## *Para conversar*

- De acordo com os elementos básicos apresentados, como você descreveria o anúncio de Jesus Cristo para os homens e as mulheres de nosso tempo?

- Que palavras você escolheria para expressar a alegria de seguir Jesus e anunciar as maravilhas que ele realiza em nosso favor?

### ORAÇÃO

Depois que alguém descobre Jesus Cristo percebe que o po-

---

[1] *Novo Millennio Ineunte*. São Paulo, Paulinas, 2002. n. 40.

der do erro e do pecado foi vencido também na vida do cristão. Abandona as obras das trevas e sente-se filho da luz. A carta aos Colossenses nos ensina a rezar louvando a Deus por tão grande revelação:

Demos graças a Deus-Pai, que nos fez capazes de compartilhar a herança do povo santo na luz. Ele nos tirou do domínio das trevas, e nos trasladou ao Reino de seu Filho querido, por cujo sangue recebemos a redenção, o perdão dos pecados. Ele é imagem de Deus invisível, primogênito de toda criatura; porque por meio dele foram criadas todas as coisas: celestes e terrestres, visíveis e invisíveis, Tronos, Dominações, Principados, Potestades, tudo foi criado por ele e para ele. Ele é anterior a tudo, e tudo se mantém nele. Ele é também a cabeça do corpo: que é a Igreja. Ele é o princípio, o primogênito dentre os mortos, e assim é o primeiro em tudo. Porque nele quis Deus que residisse toda a plenitude. E por ele quis reconciliar consigo todos os seres: os do céu e os da terra, fazendo a paz pelo sangue de sua cruz (Cl 1,3.12-20).

*Capítulo 4*

# Caminhar com Jesus

### ACOLHIDA

Muitas vezes passamos por momentos difíceis em nossa vida. Há situações de tanta dor e desespero que nos deixam abalados e de olhos fechados. Caminhamos sem enxergar as luzes e esperanças que nos rodeiam. No meio de nossas histórias cansadas e sofridas, há presenças que nos consolam e nos animam. Nem sempre acolhemos essas ajudas. Quando estamos mergulhados no sofrimento pensamos somente em nós, nem percebemos a mão de Deus que está sempre conosco.

## *A Palavra de Deus*

Proclamar: Lucas 24,13-35.

Ao refletirmos o relato da aparição do Ressuscitado aos viajantes de Emaús, queremos aprender a acolher Jesus nas estradas de nossa vida.

### JESUS TOMA A INICIATIVA DE CAMINHAR

No caminho de Jerusalém para Emaús, dois discípulos falam da tristeza que lhes invade e da saudade que têm dos dias em que Jesus de Nazaré percorria a Palestina falando de amor, perdão e do Reino de Deus. Mas agora Jesus está crucificado. Morreu.

E com essa morte sepultam-se as esperanças de dias melhores. É o fim do tempo novo de que Jesus falava. Tudo está terminado.

Enquanto lamentam, alguém se aproxima deles. É Jesus ressuscitado, mas eles não conseguem identificá-lo. Quando não se espera encontrar alguém é difícil reconhecê-lo. Eles sabiam da morte de Jesus, jamais poderiam imaginar que ele caminhasse com eles. Quantas vezes caminhamos desanimados? Há muitas pessoas hoje que não têm mais alegria de viver, nem sabem por que vivem. Há uma tristeza no olhar de muitos.

Quando falou com os discípulos, Jesus disse-lhes que eram lentos em compreender a realidade. Hoje também precisamos perceber que muitas pessoas são lentas para acolher Jesus. Ficam remoendo a própria vida e não percebem a presença de Jesus que dissipa toda treva que possa abater o coração humano.

Diante do sofrimento há pessoas que rezam pedindo soluções mágicas para Deus. Querem que Jesus resolva o problema de uma hora para outra. Esquecem-se de perceber os sinais que Deus lhes dá ao longo da estrada da vida. É preciso abrir os olhos para perceber o quanto Jesus está no meio de nós. Não percebemos sua presença quando exigimos que Deus faça o que desejamos. Na verdade, Deus está conosco porque nos ama e não para resolver os problemas que sempre nos acompanham.

Eis o desafio: perceber o amor de Deus que nunca nos abandona, nem mesmo nas situações mais dramáticas que vivemos.

## Os olhos fechados dos discípulos

Quando Jesus pergunta aos caminhantes de Emaús sobre o que conversam, eles secamente respondem: "És tu o único peregrino em Jerusalém que não sabe o que lá aconteceu nesses dias?" (v. 18).

Isso revela que a descrença e a dor tomaram conta do coração deles e tornaram-nos incapazes de pensar em outra coisa. Os caminhantes haviam se fechado dentro do limite daquilo que estavam passando, não percebiam mais nada ao seu redor.

Geralmente os olhos humanos se fecham quando as coisas não vão bem, quando a realidade não é exatamente aquela que foi sonhada e desejada. Fecham-se até para Deus, porque esperam que ele sacie todas as expectativas humanas.

Sua descrença era tão grande que nem acreditaram no testemunho das mulheres que foram ao túmulo e ouviram anjos dizer que Jesus estava vivo. Nem mesmo ao testemunho de Pedro e João deram crédito. Esses caminhantes de Emaús estavam tão machucados em suas esperanças, que nada parecia recuperar o sentido da vida. Apenas caminhavam para longe de todos os acontecimentos — estavam saindo de Jerusalém.

## As palavras que aquecem o coração

Jesus fala aos viajantes recordando as Escrituras e refere-se ao grande plano de amor e de salvação que Deus preparou para toda a humanidade. Falou-lhes das profecias e aqueceu-lhes o coração com palavras que ajudavam a compreender a realidade de uma forma mais ampla que aquela que eles entendiam. Mas os discípulos ainda não compreendiam. Faltava-lhes o Espírito Santo que permite acolher a presença do Ressuscitado no meio de nossa história.

Jesus explica as Escrituras, isto é, faz a leitura da vida à luz da fé. Mostra como a Palavra Sagrada já apontava para todos esses fatos que parecem ser a derrota de Cristo em Jerusalém, mas são, na verdade, a realização plena da salvação anunciada desde os profetas.

Hoje, como outrora, precisamos acolher a Palavra de Deus em nossa vida. Não dá para separá-la da nossa experiência. Muitos que vivem uma religião desligada da vida ou uma vida desligada da religião não conseguem compreender a realidade. Não dá para separar fé e vida, é preciso integrá-las. Não dá para ser bom cristão dentro da Igreja e fora viver como descrente.

É preciso ler os fatos da vida à luz das Escrituras e ver na Palavra de Deus a luz que permite entender melhor a realidade.

A presença de Jesus na viagem de Emaús aquece o coração dos discípulos. Ele aparece discreto, nem se apresenta. Humildemente vai conversando e mostrando outra forma de entender os fatos.

Em nossa caminhada também precisamos acolher Jesus que vem humildemente, pede hospedagem em nosso ser e nos abre os olhos para enxergar o sentido maior de tudo. Mas é preciso confiar!

## Sinais que dão a conhecer o Ressuscitado

Há muitos sinais da presença de Deus em nosso meio. Muitas pessoas não conseguem vê-los. Em primeiro lugar é preciso *re-conhecer* Jesus (conhecer de novo). Jesus nunca se apresenta de forma assustadora ou majestosa. Ele vem na simplicidade, na infinita humildade de um Deus que ama sem limites.

Aos caminheiros de Emaús, ele aparece como um companheiro de viagem, entra na conversa deles e toma parte da vida deles. Aquece o coração com palavras. Caminha com eles! Caminhar significa andar com eles, não explicar tudo, mas permanecer junto, trilhar a mesma estrada. Chegar ao mesmo destino. Cristo não desiste deles, apesar de serem cegos para a verdade e lentos para compreender. Este é um grande sinal: Jesus caminha conosco porque nos ama, apesar de todas as fraquezas que temos.

Na fração do pão (primeiro nome dado pelos cristãos à eucaristia) Jesus se dá a conhecer. Não precisa falar nada. Nessa atitude simples, o Ressuscitado revela seu poder. Os olhos dos discípulos, então se abriram diante da ceia e a vida deles mudou.

Partilhar o pão é a missão da Igreja, dos seguidores de Jesus. Partilhar o pão da Palavra que sacia o coração humano, que tem sede do Deus vivo. Partilhar o pão da eucaristia, sinal sacramental da presença real de Cristo na sua Igreja. Partilhar o pão com os pobres, cuidar dos esquecidos é sinal vivo da fé que provoca comunhão com os pequenos e excluídos. Na partilha do pão se reconhecem os seguidores de Jesus ressuscitado.

# Oração

Ó Senhor Jesus, divino companheiro nas estradas da vida.
Tu conheces minhas tristezas e preocupações.
Tu sabes das minhas dúvidas e dificuldades.
Muitas vezes tenho os olhos fechados e o coração também.
Nem sempre estou aberto a acolher os outros
e me escondo nas trevas do meu isolamento.
Mas eu te peço: Caminha comigo! Vem a mim!
Eu quero caminhar contigo!
Mesmo que eu não compreenda todo o amor
que tu tens por mim, fica comigo!
Explica-me as Escrituras e aquece meu coração,
tantas vezes gelado pelo cotidiano.
Reparte o teu pão comigo
e ensina-me a viver em comunidade.
Se a noite chegar, fica comigo. Se tu vais embora,
a treva dominará minha vida.
Se tu permaneces, Senhor, a noite não virá.
Como os discípulos de Emaús eu suplico:
renova meu coração, ensina-me as palavras de vida eterna.
Reparte o pão do teu corpo dado por nós.
Aquece com teu calor a minha vida.
Enfim, torna-me caminheiro das estradas
que anunciam o teu amor!
Amém.

*Capítulo 5*

# Preparação da entrada no catecumenato

## ACOLHIDA

Recomenda-se não esquecer os cuidados básicos que a equipe coordenadora tomará para que seja uma celebração em que os adultos e jovens participem ativa, consciente, frutuosamente, interior e exteriormente. Não é sem importância recordar a necessidade de fazer um ensaio-estudo prévio sobre os gestos, ritos e leitura da Palavra.

A celebração é composta de pequenos ritos a serem realizados com calma, em clima de oração. A escolha de realizar esse rito no contexto da celebração eucarística dominical da comunidade varia de acordo com as circunstâncias. É importante, de todos os modos, que a comunidade tome parte dela,[1] e somente os catecúmenos (se for conveniente) poderão ser despedidos após a oração universal; os batizados têm direito de participar da eucaristia.[2]

---

[1] RICA, n. 70: "É de desejar que toda a comunidade cristã ou parte dela, constante dos amigos e familiares, catequistas e sacerdotes, participe ativamente da celebração".

[2] Transcrevemos literalmente a celebração da entrada no catecumenato no Capítulo 6. Como as situações são muito diversas, cada equipe deverá adaptar o texto considerando os catecúmenos e os já batizados inscritos no catecumenato. RICA, n. 67: "É dever do celebrante usar plena e criteriosamente da liberdade que lhe é dada, quer pelo n. 34 da Introdução Geral, quer pelas rubricas do Rito. Em muitos lugares este não determina o modo de agir ou de orar ou apresenta duas soluções. O celebrante poderá, assim, segundo seu prudente critério pastoral, adaptar o rito às condições dos candidatos e da assistência. Deixa-se a maior liberdade em relação às exortações e às preces que, conforme as circunstâncias, podem sempre ser abreviadas, modificadas ou mesmo enriquecidas de intenções relativas à situação particular dos candidatos ou das pessoas presentes".

## SENTIDO LITÚRGICO DA CELEBRAÇÃO

A celebração está marcada pelos elementos fundamentais que caracterizam o início do caminho de fé que a Igreja, representada pela comunidade catecumenal, oferece aos candidatos. O rito tem a finalidade de ressaltar o protagonismo e a resposta de fé daqueles que aderem ao seguimento de Jesus Cristo no itinerário espiritual do catecumenato.[3]

## *Rito de acolhida*

- Reunião fora da igreja
- Canto
- Saudação e exortação
- Diálogo sobre o nome e a intenção do candidato
- Primeira adesão do candidato e pedido de ajuda dos introdutores e dos presentes
- Oração de agradecimento pelo chamamento
- Assinalação da fronte e dos sentidos
- Aclamação da assembléia
- Oração conclusiva
- Ingresso na igreja

O diálogo inicial mostra que o candidato pede à Igreja o dom da fé, virtude que deverá ser acompanhada sempre pela conversão, manifestada na mudança de mentalidade e adoção dos costumes e valores evangélicos. Não se trata de uma entrada individual na fé. A Igreja abre-lhe o caminho de Cristo, para que possa amadurecer sua existência colocando os alicerces da fé. Cristo o conduzirá neste caminho ao amor, a fim de possuir a vida eterna.

---

[3] Cf. LELO, Antonio Francisco. *A iniciação cristã*; catecumenato, dinamismo sacramental, testemunho. São Paulo, Paulinas, 2005. pp. 54-57.

Pede-se ao candidato uma primeira adesão, depois são interrogados aqueles que conduziram o candidato. É a primeira resposta às instâncias de Deus, que ouve aqueles que querem seguir os sinais da voz do Evangelho. Trata-se de colocar-se sob a direção de Cristo e de seu Evangelho a fim de chegar, pela fé, à experiência de Deus vivo que fala aos seres humanos.

Há diferença entre o catecúmeno e o fiel. O rito de acolhida, dirigido diretamente, para o catecúmeno, deverá ser adaptado para o batizado que já faz parte da Igreja, já tem seu nome inscrito no livro dos eleitos. Isso não impede que haja, igualmente, a *acolhida* dos batizados como uma nova e mais responsável aproximação da comunidade viva. Previamente, a equipe e o presidente prepararão perguntas para os adultos já batizados, os quais poderão exprimir desejo de aprofundar seriamente a própria fé. A pessoa que quer ajudá-lo (padrinho) também se prontificará.

O RICA, nn. 83-87, estabelece a entrada no catecumenato com a assinalação da fronte e dos sentidos (ouvidos, olhos, boca, peito, ombros), sinal do amor de Deus e força para o seguimento. É a resposta da Igreja ao pedido de fé. Aquele que pediu para ser colocado sob o senhorio de Cristo é posto em contato com sua cruz salvífica. Esse é o sinal sob o qual o catecúmeno deverá aprofundar a escolha de Cristo Senhor para poder entrar na Igreja e em uma nova situação de vida; é marcado pela vitória de Cristo e deve empenhar-se, assim, em conhecê-lo e em viver com ele para adquirir a verdadeira sabedoria cristã que é aquela da cruz (cf. 1Cor 1,18.24; 2,2).

As preces pelos catecúmenos mostram o sentido do amadurecimento progressivo que se abre e se realiza com vistas à fonte do novo nascimento e à renovação do Espírito Santo. A segunda oração conclusiva do rito, inspirada em Rm 8,29, recorda a criação do ser humano à imagem de Deus. Agora, os catecúmenos, renovados pela força da palavra de Cristo e pela graça, poderão ser plenamente conformados a Cristo.

Acontece uma primeira acolhida na Igreja, representada pelo celebrante, pelos padrinhos, os introdutores e os fiéis; há uma primeira consagração dada como graça própria do rito. Não é ato formal, como um registro no cartório, mas um evento de graça no qual Deus age mediante a Palavra e o gesto da Igreja. A Igreja-comunidade manifesta-se em ação de graças.

Há que notar a mudança de estatuto que sofre o indivíduo: após ser introduzido na Igreja, receber a signação da cruz e inscrever seu nome no livro dos catecúmenos, começa a pertencer à Igreja e é desde já cristão sem ser ainda fiel.[4] A Mãe Igreja acolhe o candidato como pertencendo aos seus. Este último é assumido como filho, mas deverá esperar o batismo para ser membro do corpo de Cristo.[5] Como membro da Igreja, terá deveres e direitos de acordo com seu estado. Por isso participa da celebração da Palavra, recebe o Evangelho, terá direito a matrimônio e exéquias cristãs.

## Liturgia da Palavra

- Exortação sobre a dignidade da Palavra de Deus
- Entrada e incensação do livro da Palavra de Deus
- Leituras bíblicas e homilia
- Entrega do livro da Palavra de Deus
- Preces pelos catecúmenos e oração conclusiva
- Celebração da eucaristia ou canto e despedida dos fiéis e dos catecúmenos

---

[4] Cf. RICA, n. 14.

[5] Cf. n. 18: "Desde então os catecúmenos, cercados pelo amor e a proteção da Mãe Igreja como pertencendo aos seus e unidos a ela, já fazem parte da família de Cristo: são alimentados pela Igreja com a Palavra de Deus e incentivados por atos litúrgicos [...]".

*Capítulo 6*

# Celebração da entrada no catecumenato

A equipe deverá preparar Bíblias e crucifixos para todos os participantes do catecumenato. Esta celebração deverá distinguir a situação dos catecúmenos e daqueles que já foram batizados. Esta celebração pode ou não ocorrer como a primeira parte da missa. Aqui ela não supõe a celebração da missa.[1]

## RITO DE ACOLHIDA

### *Chegada*

73. Os candidatos com seus introdutores e os fiéis podem reunir--se fora do limiar da igreja: no átrio ou na entrada, numa parte apropriada da igreja ou, conforme as circunstâncias, em outro lugar adequado fora do templo.

### *Saudação e exortação*

74. Quem preside saúda cordialmente os candidatos. Dirigindo-se a eles e a todos os presentes, expressa a alegria e a ação de graças da Igreja, e lembra aos introdutores e amigos a experiência pessoal e o senso religioso que levaram os candidatos, em seu itinerário espiritual, à celebração da etapa deste dia.

---

[1] RICA, nn. 68-97. Os números laterais são os do RICA.

# Diálogo

**75. Quem preside** pergunta a cada catecúmeno, se for o caso, seu nome. Pode-se fazer deste modo ou de outro semelhante.

**Presidente:** *Qual é o teu nome?*

**Candidato:** *(N.)*

**Presidente:** *Que pedes à Igreja de Deus?*

**Candidato:** *A fé.*

**Presidente:** *E esta fé, que te dará?*

**Candidato:** *A vida eterna.*

Quem preside pode também interrogar com outras palavras e admitir respostas espontâneas. Por ex., depois da primeira pergunta: *Que pedes? O que desejas? Para que vieste?*, são permitidas as respostas: *A graça de Cristo* ou *A admissão na Igreja* ou *A vida eterna* ou outras adequadas, às quais quem preside adaptará suas perguntas.

Quem preside estabelece um diálogo com os batizados inscritos no catecumenato para que haja, igualmente, a *acolhida* destes como uma nova e mais responsável aproximação da comunidade viva.

# Primeira adesão

**76. Quem preside**, acomodando, se necessário, sua alocução às respostas dos candidatos, dirige-lhes estas palavras ou outras semelhantes:

*A vida eterna consiste em conhecermos o verdadeiro Deus e Jesus Cristo, que ele enviou. Ressuscitando dos mortos, Jesus foi constituído, por Deus, Senhor da vida e de todas as coisas, visíveis e invisíveis. Se vocês querem ser discípulos seus e membros da Igreja, é preciso que vocês sejam instruídos em toda a verdade revelada por ele; que aprendam a ter os mesmos sentimentos de Jesus Cristo e procurem viver segundo os preceitos do Evangelho; e, portanto, que vocês amem o Senhor Deus e o próximo como Cristo nos mandou fazer, dando-nos o exemplo. Cada um de vocês está de acordo com tudo isso?*

**Candidatos:** *Estou.*

77. **Quem preside**, voltando-se para os introdutores e os fiéis, interroga-os com estas palavras ou outras semelhantes:

*Vocês, introdutores, que nos apresentam agora estes candidatos, e vocês, nossos irmãos e irmãs aqui presentes, estão dispostos a ajudá--los a encontrar e seguir o Cristo?*

**Introdutores e fiéis:** *Estou.*

82. **Quem preside**, de mãos unidas, diz:

*Pai de bondade, nós vos agradecemos por estes vossos servos e servas, que de muitos modos inspirastes e atraístes. Eles vos procuraram, e responderam na presença desta santa assembléia ao chamado que hoje lhes dirigistes. Por isso, Senhor Deus, nós vos louvamos e bendizemos.*

**Todos** respondem, dizendo ou cantando:

*Bendito seja Deus para sempre.*

## Assinalação da fronte e dos sentidos

84. Se os candidatos forem numerosos, **quem preside** dirige-lhes estas palavras ou outras semelhantes:

*Caríssimos candidatos: entrando em comunhão conosco vocês experimentarão nossa vida e nossa esperança em Cristo. Agora, para que sejam catecúmenos, vou, com seus catequistas e introdutores, assinalar vocês com a cruz de Cristo. E a comunidade inteira cercará vocês de afeição e se empenhará em os ajudar.*

**Quem preside** faz o sinal-da-cruz sobre todos ao mesmo tempo, enquanto os catequistas ou os introdutores o fazem diretamente em cada um, e diz:

*Recebe na fronte o sinal-da-cruz; o próprio Cristo te protege com o sinal de seu amor. Aprende a conhecê-lo e segui-lo.*

85. Procede-se à assinalação dos sentidos (a juízo, porém, de quem preside, pode ser omitida em parte ou inteiramente).

As assinalações são feitas pelos catequistas ou pelos introdutores (em circunstâncias especiais, podem ser feitas por vários presbíteros ou diáconos). A fórmula é sempre dita por **quem preside**.

Ao assinalar os ouvidos:

*Recebam nos ouvidos o sinal-da-cruz, para que vocês ouçam a voz do Senhor.*

Ao assinalar os olhos:

*Recebam nos olhos o sinal-da-cruz, para que vocês vejam a glória de Deus.*

Ao assinalar a boca:

*Recebam na boca o sinal-da-cruz, para que vocês respondam à Palavra de Deus.*

Ao assinalar o peito:

*Recebam no peito o sinal-da-cruz, para que Cristo habite pela fé no coração de vocês.*

Ao assinalar os ombros:

*Recebam nos ombros o sinal-da-cruz, para que vocês carreguem o jugo suave de Cristo.*

**Quem preside**, sem tocar nos catecúmenos, faz o sinal-da-cruz sobre todos ao mesmo tempo, dizendo:

*Eu marco vocês com o sinal-da-cruz: em nome do Pai e do Filho e do Espírito Santo, para que vocês tenham a vida eterna.*

**Os candidatos:** *Amém.*

86. Pode-se cantar esta aclamação de louvor a Cristo:

*Glória a ti, Senhor, toda graça e louvor.*

### 87. **Quem preside** diz:

*Oremos. Deus todo-poderoso, que pela cruz e ressurreição de vosso Filho destes a vida ao vosso povo, concedei que estes vossos servos e servas, marcados com o sinal-da-cruz, seguindo os passos de Cristo, conservem em sua vida a graça da vitória da cruz e a manifestem por palavras e gestos. Por Cristo, nosso Senhor.*

# Ritos auxiliares

89. Podem-se dar crucifixos ou uma cruzinha para pôr no pescoço, em recordação da assinalação. Se alguns costumes parecerem apropriados para expressar o ingresso na comunidade, podem ser inseridos antes ou depois da entrada na igreja.

# Ingresso na igreja

90. Se o rito de acolhida tiver sido feito à porta da igreja ou outro local, **quem preside**, com um gesto, convida os catecúmenos a entrar com os introdutores na igreja, dizendo estas palavras ou outras semelhantes:

*(N. e N.), entrem na igreja, para participar conosco na mesa da Palavra de Deus.*

Enquanto isso, canta-se um canto apropriado. Sugere-se a antífona *Meus filhos, vinde*, com o Sl 33,2-3.6.9.10-11 (Textos diversos, RICA, n. 371[90], p. 177).

## LITURGIA DA PALAVRA

91. Estando os catecúmenos e crismandos em seus lugares, quem preside dirige-lhes breve alocução, mostrando a dignidade da Palavra de Deus, que é anunciada e ouvida na assembléia litúrgica. O livro das Sagradas Escrituras é trazido em procissão e colocado respeitosamente na mesa da Palavra, podendo também ser incensado. Segue-se a celebração da Palavra de Deus.

# Proclamação da Palavra e homilia

92. Textos e salmos responsoriais conforme o RICA, n. 372, p. 178; (Gn 12,1-4a; Sl 32(33); Jo 1,35-42). Ou outros textos apropriados. Segue-se a homilia.

# Entrega do livro da Palavra de Deus

93. Depois da homilia, **quem preside** entrega aos catecúmenos e aos crismandos, com dignidade e reverência, Bíblias, dizendo estas ou outras palavras:

*Recebe o livro da Palavra de Deus. Que ela seja luz para a tua vida.*

O catecúmeno e o crismando poderão responder de modo apropriado à oferta e às palavras de quem preside.

## Preces pelos catecúmenos e crismandos

94. A assembléia dos fiéis faz estas preces ou outras semelhantes:

**Quem preside:** *Oremos por nossos irmãos e irmãs. Eles já fizeram um percurso. Agradeçamos pela benevolência de Deus que os conduziu a este dia e peçamos que possam percorrer o grande caminho que ainda falta para participarem plenamente de nossa vida.*

**Leitor:** *Senhor, que a proclamação e escuta da vossa Palavra revelem aos catecúmenos e crismandos Jesus Cristo, vosso Filho.*

**Todos:** *Senhor, atendei a nossa prece.*

**Leitor:** *Inspirai, Senhor, esses candidatos, para que, com generosidade e disponibilidade, acolham vossa vontade.*

**Todos:** *Senhor, atendei a nossa prece.*

**Leitor:** *Senhor, sustentai, com o auxílio sincero e constante dos catequistas e introdutores, a caminhada destes vossos servos.*

**Todos:** *Senhor, atendei a nossa prece.*

**Leitor:** *Fazei, Senhor, que a nossa comunidade unida na oração e na prática da caridade seja exemplo de vida para estes catecúmenos e crismandos.*

**Todos:** *Senhor, atendei a nossa prece.*

**Leitor:** *Senhor, tornai-nos sensíveis às necessidades e sofrimentos de nossos irmãos e irmãs, e inspirai-nos gestos de solidariedade.*

**Todos:** *Senhor, atendei a nossa prece.*

**Leitor:** *Senhor, iluminados por vossa Palavra e amparados pela* comunidade, estes catecúmenos sejam considerados dignos do batismo e da renovação do Espírito Santo.

**Todos:** *Senhor, atendei a nossa prece.*

## Oração conclusiva

98. Os catecúmenos e os crismandos se dirigem à frente e se ajoelham diante de **quem preside**. Este, com as mãos estendidas sobre os catecúmenos, diz a seguinte oração:

*Oremos. Deus eterno e todo-poderoso, sois o Pai de todos e criastes o homem e a mulher à vossa imagem. Acolhei com amor estes nossos queridos irmãos e irmãs e concedei que eles, renovados pela força da palavra de Cristo, que ouviram nesta assembléia, cheguem pela vossa graça à plena conformidade com vosso Filho Jesus. Que vive e reina para sempre.*

**Todos:** *Amém.*

Outra oração opcional, RICA, n. 95, p. 180.

## Despedida dos catecúmenos

96. **Quem preside**, depois de aludir brevemente à alegria da recepção dos catecúmenos e crismandos e exortá-los a viver de acordo com o que ouviram, despede-os com estas palavras ou outras semelhantes:

*Prezados catecúmenos e crismandos, vão em paz e o Senhor Jesus permaneça com vocês.*

**Todos:** *Graças a Deus.*

## Despedida dos fiéis e canto apropriado

Após a celebração, os catecúmenos, juntamente com os introdutores, catequistas e outros membros da comunidade, permaneçam juntos, para partilhar alegrias e confraternizar.

# A ESTRADA DA FÉ

*Capítulo 7*

# A Palavra de Deus

## ACOLHIDA

Muitas pessoas dizem que não entendem o que está escrito na Bíblia. Acham os textos difíceis e por isso quase não os lêem. Outros nem sabem procurar uma citação bíblica no livro sagrado. Com esse encontro procuremos aprender a localizar os textos da Bíblia: livros, capítulos e versículos. Pretendemos também conhecer a espinha dorsal de toda a Escritura, que é o desejo de Deus de amar e salvar a humanidade — por isso ele se comunica conosco ao longo dos tempos, faz aliança e manda seu próprio Filho para revelar seu imenso amor por todos nós.

## A BÍBLIA

Bíblia vem da palavra grega *Biblos*, que significa "livros" ou "coleção de livros". Embora seja um volume apenas, a Bíblia contém muitos livros; é uma verdadeira biblioteca. A "Bíblia Católica" contém 73 livros. Eles foram escritos por muitos autores inspirados por Deus.

### *A divisão dos textos*

A Bíblia é formada por dois grandes blocos chamados Testamentos: o Antigo Testamento, atualmente chamado de Primeiro Testamento, e o Novo Testamento, hoje chamado Segundo Testamento. Abraão faz parte do Primeiro Testamento, e Jesus Cristo, do Segundo. A maioria dos livros do Primeiro Testamento é aceita por judeus e cristãos, enquanto o Segundo Testamento é aceito somente pelos cristãos.

O Primeiro Testamento constitui a maior parte da Bíblia. É formado por 46 livros, que foram escritos, aproximadamente, entre os anos 980 a.C. e 50 a.C.

É importante entender que antes de a Bíblia ser escrita ela foi contada; é o que chamamos de "Tradição oral da Bíblia". Por séculos, a fé de Israel foi transmitida oralmente e contada de geração em geração (cf. Sl 78).

No reinado de Salomão começou-se a escrever os relatos que até então eram transmitidos de pais para filhos. Atribuem-se ao rei Salomão a preocupação e iniciativa de que se registrasse em livros a Tradição religiosa de Israel.

A ordem em que os livros se encontram dispostos na Bíblia nem sempre é a ordem em que foram escritos. O primeiro livro a ser escrito não foi o Gênesis, mas o livro do Êxodo. Isso porque o episódio do êxodo foi fundamental para a história do povo de Israel. A experiência de Deus para o povo adquire seu ponto forte no processo de libertação da escravidão do Egito para a liberdade na Terra Prometida, "uma terra onde corre leite e mel". Nesse processo o povo descobre e acolhe a revelação do Mistério, de "Javé", o Deus que vê a situação do povo, escuta o seu clamor e vem ao seu encontro para libertá-lo da opressão egípcia. Deus conduz a uma nova realidade de vida e dignidade. O êxodo é a experiência do Deus Libertador. Esse é o momento fundante do povo de Israel. O último livro escrito foi o da Sabedoria.

O Segundo Testamento é formado por 27 livros, todos escritos depois do nascimento de Cristo. Eles falam de Jesus e das primeiras comunidades cristãs. Inicialmente foram escritas as cartas de Paulo, cerca de vinte anos após a morte e ressurreição de Jesus, e o último livro, o Apocalipse, foi concluído por volta de 115 d.C.

# As línguas da Bíblia

A Bíblia foi escrita em três línguas diferentes: hebraico, aramaico e grego. A língua familiar dos hebreus era o aramaico, a língua que falava Abraão. Ela foi falada por eles até a entrada na Terra de Canaã. Em Canaã o povo teve de aprender o hebraico. O Primeiro Testamento foi escrito na sua maior parte em hebraico e aramaico. Quando a Palestina foi invadida pelos gregos, por volta do ano 333 a.C., o povo foi obrigado a falar grego. Todo o Segundo Testamento foi escrito em grego.

# As traduções

Com o passar do tempo a Bíblia precisou ser traduzida do hebraico para o grego, pois o hebraico já não era mais a língua falada pelo povo. A mais famosa tradução grega é a Bíblia Septuaginta, ou Bíblia dos Setenta, feita por 70 sábios, por volta do ano 250 a.C., em Alexandria. Quando essa tradução foi realizada, acrescentaram-se sete livros que não constavam na Bíblia Hebraica: Tobias, Judite, Baruc, Eclesiástico, Sabedoria, 1 e 2 Macabeus, além de trechos dos livros de Daniel e Ester. Esses livros foram escritos em grego (ou tiveram os originais hebraicos perdidos) por judeus que moravam fora de Israel, os chamados judeus da diáspora (dispersão), mas nunca foram aceitos pelo povo hebreu como autênticos, ou seja, verdadeiramente inspirados por Deus.

# Bíblia Católica e Bíblia Evangélica

A diferença que existe entre a Bíblia Católica e a Bíblia Evangélica está no Primeiro Testamento, pelo fato de os evangélicos adotarem a Bíblia Hebraica, que só contém os livros escritos em hebraico. A Bíblia Católica segue a versão grega, portanto, possui sete livros a mais.

# Apócrifos

Muitos escritos contemporâneos aos escritos bíblicos não entraram na Bíblia e são considerados livros "apócrifos". A palavra *apócrifo* significa "escondido, secreto", mas nesse caso ela adquiriu o sentido de "falso", indicando, portanto, os livros de origem incerta, não inspirados, não dignos de inclusão no conjunto dos livros autênticos (cânon). Existem livros apócrifos do Primeiro e do Segundo Testamento; os mais famosos são o Proto-evangelho de Tiago e o Evangelho Secreto da Virgem Maria. Nos textos do Segundo Testamento há muita lenda e fantasia sobre a vida de Jesus. Algumas informações que temos, porém, foram retiradas deles, como, por exemplo: o nome dos pais de Maria: Joaquim e Ana. Eles, porém, não foram considerados pela Igreja como inspirados por Deus. São escritos que podem ser lidos, mas não são reconhecidos como Palavra de Deus.

## Deus se comunica em linguagem humana

Dizer que a Bíblia foi um livro escrito sob a inspiração divina não significa dizer que Deus escolheu algumas pessoas bem instruídas, deu-lhes papel e caneta e ditou-lhes tudo quanto queria que fosse escrito. A inspiração divina deve ser compreendida como "a voz de Deus que fala ao coração do homem", que o desperta para a necessidade de buscar compreender a vontade e os desígnios divinos.

A Bíblia é o registro, à luz da fé, de experiências vividas por mulheres e homens em épocas, lugares e situações diferentes. Eram pais e mães de família, gente instruída e gente simples. Esses homens e mulheres de fé contavam e recontavam histórias que tinham ouvido, as quais lembravam a presença e ação de Deus, que caminhava com eles.

A Bíblia foi escrita em mutirão. A grande maioria de seus livros foi composta com o envolvimento não apenas de uma pessoa, mas de muitas. Mesmo que muitos livros contidos na Bíblia tenham nomes de homens e mulheres, é difícil saber com certeza quem escreveu. Isso quer dizer que nem sempre um livro da Bíblia que traz um nome de uma pessoa tenha sido escrito por ela, pois era costume colocar o nome de uma pessoa importante para que assim o livro fosse aceito e lido.

## Deus se revelou a um povo: o povo de Israel

Israel é o nome de um dos povos que habitou a região onde a história da Bíblia foi intensamente vivida e escrita. Nessa terra aconteceram tanto os fatos do Primeiro como os do Segundo Testamento.

Israel fica situada no hemisfério norte e no Oriente. Ocupa um território muito pequeno. Para ter uma idéia de quanto é pequena a sua extensão territorial, basta lembrar que esta terra cabe 400 vezes dentro do Brasil.

No decorrer de sua longa história, a terra de Israel recebeu muitos nomes, nomes estes que são referidos na Bíblia, cada um indicando um período histórico: Canaã (cf. Ex 15,15); Palestina, Reino de Israel e Reino de Judá; Terra Prometida, Terra Santa (cf. Gn 12,7 e Gn 21,16-17). A partir de 1947, Israel passou a ser oficialmente conhecido como Estado de Israel.

O nome Israel se compõe de duas palavras da língua hebraica: *sará* (que significa "lutar") e *el* (que quer dizer "deus" ou "divindade"). Deus mudou o nome de Jacó para Israel, que é traduzido por "Deus lutará" ou "que Deus se mostre forte".

### DIVISÃO E CONTEÚDO

## Primeiro (Antigo) Testamento

Os primeiros cinco livros formam o Pentateuco, palavra grega que significa "cinco livros". São chamados pelos judeus de Torá, isto é: Lei, porque contêm a Antiga Aliança. São eles:

*Gênesis* (origens) – reflete sobre as origens do mundo, do homem, do pecado e da formação do povo de Deus (origens de Israel).

*Êxodo* (a saída) – narra a saída dos hebreus da escravidão do Egito, liderados por Moisés.

*Levítico* – refere-se às leis do culto e às obrigações dos sacerdotes e levitas (servidores do Templo).

*Números* – começa com a contagem do povo de Israel, por isso o nome do livro.

*Deuteronômio* – segunda lei. Reflete a Lei da Aliança entre os hebreus e Deus – Javé.

Os dezesseis *livros históricos*: narram histórias do povo de Deus e seus líderes.

Os sete *livros sapienciais*: expressam a sabedoria e os sentimentos do povo de Deus: poesias, cantos, ditados, orações e salmos.

Os dezoito *livros proféticos*: falam da vida e da mensagem dos profetas de Israel.

## Segundo (Novo) Testamento

Os quatro *evangelhos*: narram a vida, as palavras e as ações de Jesus Cristo; revelam como ele é o esperado de Israel e para quem os profetas todos apontavam.

O livro dos *Atos dos Apóstolos*: apresenta os primeiros passos da comunidade dos cristãos no seguimento de Jesus e sob a orientação do Espírito Santo.

As catorze *cartas de Paulo*: traçam as origens do cristianismo nas primeiras comunidades.

As sete *cartas católicas*: refletem sobre a doutrina e a ética cristã.

O livro do *Apocalipse*: livro da revelação, escrito com muitos símbolos, reflete sobre a perseguição da Igreja nascente, insiste na necessidade de não desanimar no seguimento de Jesus e profetiza um novo céu e uma nova terra em que Deus será tudo em todos.

# Como procurar um texto na Bíblia

Os livros bíblicos são divididos em capítulos e versículos. Capítulo é um conjunto de frases dentro de um livro. E versículos (os versos) são as frases de cada capítulo. O texto, portanto, é todo numerado para facilitar a localização.

## ATIVIDADE

1) Os candidatos devem localizar e escrever do que trata cada passagem desses textos da Bíblia: Gênesis 1,26-29; Êxodo 34,10-14; Isaías 54,5-7; Lucas 2,1-7; Atos 2,42-45.

2) Os candidatos recordam alguns versículos que permanecem na memória.

3) Conversa sobre a leitura bíblica: caso os candidatos não tenham o costume de ler a Bíblia, falar do seu valor (lembrar passagens especiais; propor que se procure cada dia uma mensagem de Deus). Se já estiverem acostumados a localizar passagens na Bíblia (propor que se leia o evangelho do dia) e a buscar a mensagem de Deus para a vida, prestar mais atenção no que Deus fala através da liturgia da Palavra e nas celebrações eucarísticas.[1]

Uma das formas mais valiosas de trato com a Bíblia é a *lectio divina*, que entre nós é conhecida como *leitura orante*, individual ou comunitária. Consiste na leitura de um trecho bíblico, repetida uma ou mais vezes, acompanhada de silêncios interiores, meditação, oração, contemplação. É a prática do "Fala, Senhor: teu servo escuta!" (1Sm 3,9). A leitura orante da Bíblia alimenta nas pessoas a escuta atenta à Palavra e o diálogo filial com o Pai (cf. Is 50,4-5). As pessoas encontram orientação para a vida, serenidade e força para dizerem sim ao chamado de Deus, impulso para se dedicarem à causa de Jesus Cristo, com o seu Espírito; discernem melhor o sentido de sua vida.

---

[1] ORMONDE, Domingos, *Revista de Liturgia.*

No encontro com Deus encontram-se também a si mesmas: crescem em coragem, serenidade, sabedoria que vem da fé.[2]

## EXERCÍCIO

## *A escuta*

O ambiente pode estar à meia-luz. No centro, colocam--se flores, velas acesas e em destaque a Bíblia.

O grupo, sentado nas cadeiras ou carteiras ou no chão, possivelmente se dispõe em círculo; busca-se uma posição cômoda. As palmas das mãos abertas para cima permanecem sobre os joelhos. Faz-se silêncio por alguns minutos e começa-se o mantra sobre a escuta da Palavra; em voz baixa, vai-se repetindo com a participação do grupo, ora aumentando o volume da voz, ora diminuindo.

Com tranqüilidade, um participante proclama um trecho da Bíblia, previamente escolhido (sugestão: Sl 23,1-6 "O Senhor é o meu pastor, nada me falta").

Faz-se silêncio novamente, o dirigente convida a fazer algumas preces espontâneas. Conclui-se com a oração do pai-nosso.

---

[2] CNBB. *Diretório Nacional da Catequese.* n. 102 (Documento de trabalho).

*Capítulo 8*

# Celebração da Palavra na missa

## ACOLHIDA

Hoje em dia vamos à missa com o espírito elevado. Gostamos de cantar, de ser cumprimentado pela comunidade, de entender o que está sendo rezado pelo sacerdote e o que está sendo lido ou comentado no ambão ou na estante. Realmente, em cada celebração eucarística o Senhor se revela a nós que estamos reunidos em seu nome. Falamos com o Senhor, acolhemos sua Palavra, recebemos o Pão da Vida.

O Concílio Vaticano II reformou a celebração da missa, voltou a celebrar da maneira dos Santos Padres do século IV. Quis que ficasse bem evidente a ligação entre cada uma das partes da missa: acolhida, liturgia da Palavra, liturgia eucarística e ritos finais.

## ASSEMBLÉIA

A acolhida revela que não somos qualquer um, mas o povo santo de Deus reunido em Cristo e na força do Espírito. Formamos a Igreja, Corpo de Cristo. Foi o mesmo Cristo quem garantiu: "Onde dois ou três se reunirem em meu nome eu estarei no meio deles" (Mt 18,20). A comunidade unida na mesma fé é sinal de Cristo presente no seu meio.

O sacerdote, ao iniciar a missa, cumprimenta a assembléia em nome da Trindade: "A graça de Nosso Senhor Jesus Cristo; o amor do Pai e a comunhão do Espírito Santo". Na assembléia litúrgica somos santificados pela graça do Pai e o glorificamos com nossa vida. Toda a celebração manifesta a ação conjunta da Trindade e do ser humano num só movimento. Deus em nós e nós em Deus, sem escapar nada de nossa vida; tudo o que somos e temos está ali presente.

Para recebermos tão grande graça, de sermos manifestação de Cristo e tomarmos parte na comunhão trinitária, só nos resta pedir perdão (ato penitencial) e invocar a misericórdia de Deus para estarmos na sua presença.

## LITURGIA DA PALAVRA
### *Deus fala ao seu povo*

O Primeiro Testamento e o Novo dão testemunho de que o Evangelho é a Boa-Nova do Senhor. Quando se lêem as Escrituras na celebração da comunidade é o próprio Cristo quem as proclama para nós. Este é o segundo sinal da sua presença entre nós. Cristo garante a eficácia da Palavra proclamada, assim como nos recorda o profeta Isaías:

> E como a chuva e a neve que caem do céu para lá não voltam sem antes molhar a terra e fazê-la germinar e brotar, a fim de produzir semente para quem planta e alimento para quem come, assim também acontece com minha palavra: ela sai da minha boca e para mim não volta sem produzir seu resultado, sem fazer aquilo que planejei, sem cumprir com sucesso sua missão (Is 55,10-11).

A celebração da Palavra produz o discernimento comunitário a respeito do que o Senhor irá falar. A leitura cristã da Escritura faz o povo sentir-se continuador da história da salvação, permitindo que a pessoa, hoje, sinta-se parte dessa história, que considere Abraão, Isaac, Jacó e Moisés como seus antepassados na fé. A partir desse sentimento, cada um se descobre capaz de ler em sua própria história de vida e nos acontecimentos atuais as mensagens que Deus constantemente envia à comunidade.

"A Palavra de Deus é um acontecimento através do qual o próprio Deus entra no mundo, age, cria, intervém na história do seu povo para orientar sua caminhada."[1] Jesus, na sinagoga de Cafarnaum, tomou nas mãos o livro de Isaías e proclamou a ação de Deus em favor dos pobres, dos coxos e cegos. Depois concluiu: "Hoje se cumpriu esta passagem da Escritura que acabastes de ouvir" (Lc 4,21). Com a mesma eficácia, a Palavra de Deus realiza hoje, no coração daqueles que se reúnem em assembléia e no nome do Senhor, o que ela mesma anuncia como Palavra de conversão, graça e salvação:

> O mistério da salvação, que a Palavra de Deus não cessa de recordar e prolongar, alcança seu mais pleno significado na ação litúrgica. Assim, a Palavra de Deus é sempre viva pelo poder do Espírito Santo, e manifesta o amor ativo do Pai. A Palavra nunca deixa de ser eficaz. Ela contém, realiza e manifesta a aliança que Deus firmou com seu povo.[2]

Jesus participava da oração comunitária de sua gente, reunia-se na sinagoga e tomava parte ativa. Igualmente, o cristão reúne-se aos domingos em comunidade orante para acolher a Palavra do Senhor em sua vida.

A liturgia da Palavra dominical consta de uma primeira leitura extraída do Primeiro Testamento que anunciará ou fará referência ao pleno ensinamento ou realização em Cristo proclamado no Evangelho.

O salmo de meditação é a voz da Igreja que suplica, agradece e louva porque tudo que ela recebe vem do Senhor. O salmo retoma o mesmo tema da primeira leitura, de forma orante e como resposta de fé.

O Evangelho realiza o que foi, de alguma forma, vivido pelo povo de Deus no Primeiro Testamento. Note-se que nos domingos do chamado "tempo comum", isto é, aqueles domingos fora do ciclo do Advento–Natal e Quaresma–Páscoa, a leitura do evangelho

---

[1] CNBB. *Orientações para a celebração da Palavra de Deus*. São Paulo, Paulinas, 1994. n. 10 (Documentos da CNBB, n. 52).

[2] Idem, ibidem, n. 9.

é continuada, seguindo sempre o mesmo Evangelista. Assim, nos domingos do Ano A, Mateus; Ano B, Marcos; e Ano C, Lucas.

A segunda leitura, do Novo Testamento, segue uma carta ou escrito, de maneira semicontinuada, por isso os temas não precisam necessariamente coincidir.

A homilia é o discernimento da vida da comunidade à luz da Palavra. Somos servidores da Palavra. Queremos fazer tudo o que o Senhor nos disser. Esta Palavra irá nos julgar no fim dos tempos, como uma faca de dois gumes que penetra junturas e ligaduras e põe às claras a mentira do mundo e as nossas falsidades (cf. Hb 4,12). É uma Palavra de vida que devolve a paz, suscita esperança, oferece consolo, mas ao mesmo tempo nos desinstala, nos põe de pé prontos para caminhar na vida e enfrentar os desafios da caminhada:

> A Palavra põe em crise as situações erradas, provoca uma revisão, suscita o compromisso. "Senhor, eis que eu dou a metade de meus bens aos pobres, e se defraudei a alguém, restituo-lhe o quádruplo" (Lc 19,8).[3]

A comunidade, então, professa sua fé e eleva seus pedidos ao Senhor como resposta e assentimento à Palavra recebida.

A liturgia da Palavra deve, pela distribuição das partes a diferentes pessoas e a toda a assembléia, deixar transparecer que Deus está dialogando com seu povo.

## *Atitudes*

O fato de estarmos reunidos, para acolher a Palavra de Deus, requer algumas atitudes de nossa parte para que saibamos nos comunicar com os sinais que a liturgia oferece. Primeiramente, colocamos-nos com calma e em atitude de quem vai ouvir uma notícia de salvação, de esperança, porque é o próprio Cristo quem anuncia na força de seu Espírito. Procuramos nos movimentar

---

[3] Idem, ibidem, n. 23.

de acordo com o que nos sugerem os animadores de canto, mas nossa atitude interior é de concentração, atenção, escuta, adesão confiante ao Senhor. Cantamos os refrãos ou cantos, que normalmente deverão ser os mesmos versículos bíblicos.

A liturgia da Palavra e a eucarística estão tão intimamente unidas entre si, que formam um só ato de culto. Temos a mesa do Pão da Palavra e a mesa do Pão Eucarístico, e ambas formam uma só. O ambão está relacionado com o altar; é diferente da estante simples, em que o comentarista atua. Do ambão proclamam-se as leituras em um livro (nunca em folhetos), chamado lecionário, que muitas vezes é trazido processionalmente.

Para proclamar as leituras na assembléia devemos ler o texto com antecedência, entender seu conteúdo (não ler como "papagaio"), usar o microfone na altura certa e modular a voz corretamente. Colocar-se próximo ao ambão e não se complicar com óculos ou folhetos nas mãos. Ao ler, usar a entoação de voz consoante ao gênero literário: se é histórico, ensinamento, ou parábola. A segurança dos gestos evitará a pressa na leitura.

A postura do corpo revela a atitude interior que nos dispomos para acolher a Palavra. Primeiramente estamos com os olhos e o coração fixos para escutar as leituras. Estar sentados é sinal de acolhida e de escuta. O Evangelho é o cume da revelação. Diz-nos santo Agostinho: *A boca de Cristo é o Evangelho. Está sentado no céu, mas não deixa de falar na terra.* Por isso, a proclamação do Evangelho reveste-se de muitos gestos. Colocamo-nos de pé, em posição de alerta, de ressuscitados e de respeito; há o canto de aclamação, a saudação do ministro, o sinal-da-cruz. Recomenda-se que o texto seja cantado e também o ministro beije o lecionário ou o evangeliário.

# RITO DO "ÉFETA"

200. Este rito, por seu próprio simbolismo, sugere a necessidade da graça para se ouvir e professar a Palavra de Deus a fim de alcançar a salvação.

194. A celebração se inicia de modo habitual, com o sinal-da--cruz e a saudação de **quem preside**. Segue a oração:

*Oremos. Pai amado e todo-poderoso, vós quereis restaurar todas as coisas em Cristo e atraís toda a humanidade para ele. Guiai estes catecúmenos e os que vão completar a iniciação, e concedei que, fiéis à sua vocação, possam integrar-se e participar plenamente no reino de vosso Filho e ser assinalados com o Espírito Santo, o vosso dom. Por Cristo, nosso Senhor.*

**Todos:** *Amém.*

201. Depois de um canto apropriado, lê-se Mc 7,31-37, que será brevemente explicado por quem preside.

202. A seguir, **quem preside**, tocando com o polegar os ouvidos e os lábios de cada eleito, diz:

*Éfeta, isto é, abre-te,*
*a fim de proclamares o que ouviste*
*para louvor e glória de Deus.*

Em seguida pode haver preces espontâneas do grupo, a oração do pai-nosso e quem preside dá a bênção final.

*Capítulo 9*

# Eu creio

### ACOLHIDA

Uma música popular brasileira canta: "Andar com fé eu vou, que a fé não costuma faiá".[1] Fé, essa palavra formada por duas letras move o coração da humanidade há séculos. É por causa da fé que estamos fazendo esse caminho para aprofundar a vida cristã. Afinal, o que significa crer?

### *Para conversar*

- Em quem ou em que você acredita? (pessoas, valores, crenças...).
- Por que acredita?
- Todos pensam como você a respeito de crenças e fé?
- Acreditar muda sua vida? De que forma?

### ANDAR COM FÉ!

Crer não significa ter tudo claro e demonstrável. Quem tem fé não fica livre de dúvidas e perguntas a respeito do que se acredita.

Acreditar é confiar. Quando você acredita em alguém, não significa que esteja absolutamente seguro de que essa pessoa seja quem você pensa, mas porque você confia, acredita. Ter fé é

---

[1] *Andar com fé*. Autor: Gilberto Gil.

confiar em alguém que chamamos Deus. Não é vê-lo nem provar que ele existe, é muito mais: dar o coração a ele, entregar-se em suas mãos, confiar que nele tudo encontra sentido.

Na Idade Média dizia-se que crer é *cor-dare* (dar o coração). Crer é dar um salto no escuro e estar confiante de que não se cairá no vazio nem no absurdo. Um filósofo famoso afirmou que crer significa estar à beira de um abismo escuro e ouvir uma voz que grita: "Joga-te que te segurarei nos braços" (Kierkegaard).

Na vida há muitas situações difíceis, momentos de trevas e dúvidas em que o tempo fica nebuloso à nossa frente. O que fazer? Aquele que tem fé não tem respostas, mas abandona-se nas mãos de Deus e encontra nele a força de vencer tudo.

Aquele que acredita salta mesmo no escuro, porque confia. Só quem ama confia. Quem sabe que Deus é amor confia nele e ama-o confiando. Mas em quem acreditar? Como saber que estamos no caminho certo? A Palavra de Deus nos ilumina nessa aventura do crer!

## À LUZ DA BÍBLIA

A fé remove montanhas! Tudo pode aquele que crê; não por causa de sua força, mas pela confiança depositada em *Deus*, todo-poderoso. Importante é perceber que a fé supõe adequar a nossa vontade à de Deus. Não se pode pedir algo para ele e obrigá-lo a cumprir. Quem tem fé entrega tudo nas mãos de Deus, espera nele e deixa que ele faça o melhor.

A fé não é um saber teórico. A fé é antes de mais nada o ato de uma pessoa que decide confiar em outra (o Outro), em tudo e apesar de tudo, a ponto de pôr em jogo, nesse compromisso, o sentido de sua existência. A verdade existencial da fé não se induz, nem se deduz, nem se demonstra. Ela chega, ela vem, ela se realiza, ela é encontrada. Para o filósofo Kierkegaard, "A conclusão da fé não é uma conclusão, mas uma *decisão*".

Para a Bíblia, a fé é a fonte e o centro de toda a vida religiosa. Nas pegadas de Abraão (pai de todo crente – cf. Rm 4,11) muitos descobrirão o verdadeiro Deus (cf. Sl 47,10) ou o seu Filho (cf. Jo 8,31); são os que, para sua salvação, se entregam só a Deus e à sua *Palavra*. Um dia a promessa feita a Abraão e ao povo do Antigo Testamento se cumpre em Jesus Cristo, descendente de Abraão (cf. Gn 13,16; Mt 1,1). Abraão é então o "pai duma multidão de povos" (Gn 17,5 e Rm 4,17): todos os que a fé vai unir a Jesus.

Quando professamos nossa fé, começamos dizendo "Creio...". "A fé é a resposta do homem a Deus que a ele se revela e a ele se doa, trazendo ao mesmo tempo uma luz superabundante ao homem em busca do sentido último de sua vida" (*Catecismo da Igreja Católica*, n. 26).

O desejo de Deus está inscrito no coração da pessoa, já que fomos criados por Deus e para Deus; e ele mesmo não cessa de atrair-nos para si.

Nós cremos em Deus e isso é diferente de crer numa pessoa humana. Confiar em Deus é ter certeza de que nunca nos decepcionaremos e por isso cada vez mais nos esforçamos para acolher sua verdade e cumprir sua vontade. Ninguém é obrigado a crer, nem é levado a acreditar. Tudo depende da liberdade e da entrega que a pessoa faz em sua vida.

## Para crer é preciso ser livre

Por que há pessoas que não conseguem crer? Outras acreditam de todo coração e se for preciso entregam sua vida pelo que acreditam. Afinal, a fé é um ato livre do ser humano?

Sim, crer é uma adesão pessoal e livre de todo ser humano, mas a fé é também um dom de Deus, um presente, uma oferta que ele concede aos seus filhos e filhas para que o conheçam, fonte de toda vida e motivo maior de nossa esperança.

## O *ato de crer é dom de Deus: ele vem a nós!*

O fundamento de toda a fé é Deus, o Criador de todas as coisas; dele tudo procede, para ele tudo encontra seu fim. Acreditar em Deus supõe confiar nele acima de todas as coisas, além de todo conhecimento e evidência. Crer em Deus significa colocar todas as nossas capacidades de entender a vida e o mundo diante de uma verdade maior: Deus existe e ele me ama! É por isso que somos atraídos para ele, porque nos fez para amar e amá-lo gratuitamente, livres e sem interesses.

"Fizeste-nos para vós, Senhor, e inquieto estará o nosso coração enquanto não repousar em vós!" Essa frase é de um bispo africano do século IV: santo Agostinho de Hipona. Ele afirma que nós temos uma inquietude em nosso ser. Temos um profundo desejo de ir além das aparências, de saber mais, de buscar uma fonte que sacie toda nossa sede. O próprio Deus nos atrai para si. Em síntese, santo Agostinho diz que todo coração humano tem sede de Deus, deseja Deus e só quando conhecer esse Criador e Pai poderá descansar!

## *Crer depende de uma decisão*

De muitas formas Deus fala ao coração humano. Através de sinais na vida, encontros com pessoas, pensamentos e desejos, a pessoa vai percebendo que existe um Deus infinito, Criador, e que ama particularmente cada um de seus filhos. A pessoa que se sente "próxima de Deus" percebe que não pode fazer outra coisa senão avizinhar-se cada vez mais dele.

Essa é uma decisão pessoal. Ninguém pode tomá-la por nós. Escolhemos caminhar na estrada de Deus ou trilhar sozinhos os caminhos da vida.

Quem coloca sua fé e esperança em Deus também precisa se esforçar para vencer as dúvidas, para encontrar respostas e ver sentido nos absurdos que acontecem. Isto é, ter fé não significa livrar-se do peso de buscar a verdade e crescer nessa via. Quem crê não tem certezas, mas sabe em quem confiou e por isso sabe que não será iludido. Crer em Deus é garantir que nada pode separar o coração humano do amor de Deus.

## *Acreditar em palavras e ações*

a) Quem acredita percebe como Deus se comunica com o ser humano.

b) Deus fala ao coração através de sinais, palavras e gestos que marcam para sempre a vida de quem crê.

c) Depois que alguém se sente tocado pela mão de Deus, nunca mais esquece as graças recebidas.

## *A Palavra de Deus*

Proclamar: Lc 8,43-48.

A coragem da mulher: entrou no meio da multidão e conseguiu o que queria, ou seja, tocar Jesus. Ela chega perto de Jesus, depois de descoberta, com medo. Mas Jesus a encoraja, elogia sua fé e sua confiança que mudaram sua vida. Ela recuperou a saúde e a dignidade.

## *Para conversar*

- Quantas pessoas a mulher do Evangelho procurou por causa de sua doença? Por que ela procurou Jesus?

- Como a fé pode mudar a vida das pessoas?

- Você já sentiu alguma vez esse amor de Deus especialmente em sua vida? Quando?

- Você já sentiu necessidade de crer em Deus?

- O que significa ter fé?

- Em quem e por que acreditamos?

- Nossa fé precisa crescer? Por quê?
- Qual a frase desse encontro que mais lhe tocou?

## ORAÇÃO

**Leitor:** *Eu creio, Senhor, mas aumentai a minha fé.*
*Senhor, tu me conheces, sabes bem quem sou: minhas alegrias,*
*minhas tristezas, minhas preocupações e meus sonhos.*
*E tu sabes que desejo confiar totalmente em ti.*
*Quero entregar-me em tuas mãos, colocar meu coração no teu.*
*Espero viver na tua estrada, dia após dia,*
*crescendo em sabedoria e graça.*
*Orienta, Senhor, minha vida, aumenta meu amor por ti*
*e faz-me compreender*
*que em tuas mãos eu sempre estou seguro.*
*Ajuda-me a viver sempre em comunidade.*
*Livra-me do isolamento, ensina-me a aprender*
*junto com meus irmãos e irmãs de fé.*
*E torna-me um aprendiz do teu amor.*
*Aumenta minha fé, Senhor! Amém.*

**Todos:** *Na verdade, ó Pai,*
*é nosso dever dar-vos graças, é nossa salvação dar-vos glória:*
*só vós sois o Deus vivo e verdadeiro*
*que existis antes de todo o tempo*
*e permaneceis para sempre,*
*habitando em luz inacessível.*
*Mas, porque sois o Deus de bondade*
*e a fonte da vida,*
*fizestes todas as coisas*
*para cobrir de bênçãos as vossas criaturas*
*e a muitos alegrar com a vossa luz.*
*Alegrai-nos, ó Pai, com a vossa luz!*[2]

---

[2] *Missal Romano.* Prefácio da IV oração eucarística.

*Capítulo 10*

# Deus, a Trindade santa

### QUAL CAMINHO SEGUIR?

No mundo moderno há muitas ofertas de diferentes estilos de vida, de tipos diversos de música, bebidas, livros e opções de lazer. Hoje as pessoas têm muita chance de escolher o que acham mais interessante.

E a religião? Há muita gente também procurando só o que mais lhe interessa. Uns querem saber do futuro, então procuram algum vidente ou alguém que descubra segredos do que virá. Outros querem soluções rápidas para seus problemas, então procuram quem ofereça curas, sucesso no trabalho e bom casamento. Há, também, quem busque um pouco de paz no meio da agitação moderna, então desenvolve elementos de religiões que ensinam a meditar e equilibrar-se emocionalmente.

A questão religiosa invade todos os espaços: a televisão, o jornal e o rádio. Há cartazes por todo lado e cada grupo religioso faz muitas promessas.

Antigamente as pessoas participavam da religião da família. Hoje, na mesma família há pessoas de duas ou três religiões diferentes. A família moderna não consegue mais passar todas as experiências da religião como acontecia no passado. Por um lado isso é positivo. Cada um precisa fazer sua própria busca e caminhada.

### *Para conversar*

- Por que escolhi ser cristão católico?
- O que ou quem me ajudou a tomar essa decisão?
- O que espero encontrar seguindo a Igreja?

Importante é perceber que a adesão a Jesus supõe:

*Liberdade*: não dá para seguir Jesus porque os outros querem ou porque todos os meus conhecidos são cristãos. Optar pela Igreja é uma decisão pessoal de quem se dispõe a aprender o caminho de Jesus.

*Disponibilidade*: para ser cristão é preciso amar o que Jesus ensinou; para isso é preciso conhecer e viver. Não se trata apenas de estudar uma doutrina; é muito mais percorrer um caminho onde se aprendem os fundamentos da fé, mas, principalmente, vivem-se os ensinamentos de Jesus na comunidade.

*Pertença à comunidade*: o cristianismo não é uma religião individualista, em que cada um pensa apenas em si. Jesus formou grupos de discípulos que testemunhavam o amor de Deus em comunidade. Hoje, muita gente é católica, mas não se sente pertencente a uma comunidade. Ser cristão supõe uma caminhada comum.

O importante é ser fiel na caminhada. Aos poucos amadurece um tempo novo no qual ser cristão torna-se uma alegria que dá paz ao coração.

## *Para conversar*

- O que você pensa sobre essas três condições para fazer uma caminhada cristã?
- Qual delas mais lhe desafia? Por quê?

## QUEM É DEUS?

Na história humana, de muitas formas a humanidade procurou dar nomes e se ligar ao seu Deus e Criador. Por isso existe a religião: *re-ligare* (religar as pessoas entre si e com Deus: reuni--las em celebrações, orações, batismos etc...). A religião também permite *re-ler* os fatos da vida dando novo sentido ao morrer, ao adoecer, e interpreta os fatos cotidianos à luz da fé. As religiões dão nomes a Deus: Javé (judeus), Alah (muçulmanos), ou acreditam em vários deuses (hindus).

Nós, cristãos, acolhemos o que Jesus revelou sobre Deus. Nossa fé e nossa religião baseiam-se nos ensinamentos de Jesus de Nazaré. Ele nos ensina que Deus é Pai, que tem um Filho muito amado (Jesus) e que há uma terceira pessoa divina: o Espírito Santo. Portanto, nosso Deus é um só, mas em três pessoas, é a Trindade Santa. Não são três deuses, mas uma comunhão de pessoas. É um grande mistério, de difícil compreensão aos humanos, mas acolhido no amor.

A Bíblia ensina: "Deus é amor" (1Jo 4,7-9). A questão sobre Deus é aberta. O *Catecismo*, n. 47, afirma que a Igreja "ensina que Deus, único e verdadeiro, nosso Criador e Senhor, pode ser conhecido com certeza através das suas obras graças à luz natural da razão humana". Os cristãos não crêem apenas que Deus existe. Confessamos o Deus pessoal, o Deus uno e único, que é amor no eterno diálogo das três pessoas da Trindade. E que nos ama com amor novo e personalizado, amor levado até o limite da infinita dor da cruz. Um Deus juiz, que olha do alto dos céus e pune, pode ser uma divindade à qual voltamos as costas; mas a um Deus que mostra a sua face na humildade e na vergonha da Sexta-feira Santa jamais podemos dizer "não".

Cremos no Deus que se fez pequeno, que não quer causar-nos medo, mas que se mostra com ternura e solidário na fragilidade humana. Nosso Deus é uma Trindade: Pai, o Amante Criador; Filho, o Amado Salvador; e Espírito Santo, o Amor que nos santifica. Confessar as três pessoas no único Deus é crer em tudo que nos foi revelado por Deus na história.

## O DEUS DE JESUS

### *Pai que nos ama*

Jesus nos revelou que Deus é Pai. É assim que costumamos invocá-lo: o nosso Pai! A invocação de Deus como Pai é conhecida em muitas religiões. A divindade é muitas vezes conhecida como o "pai dos deuses e dos homens". Jesus revelou que Deus é Pai num sentido novo: não o é somente enquanto Criador de tudo, mas também é eternamente Pai em relação ao seu Filho único, que reciprocamente só é Filho em relação ao Pai.

A fé em Deus-Pai é a única resposta aceitável à pergunta sobre por que Deus continua a confiar nos seres humanos, pois só ela nos revela quanto e como Deus é amor. Deus, como Pai, é sempre novo na fidelidade do seu amor.

De alguns outros atributos divinos, somente a onipotência é mencionada no Creio, Símbolo Apostólico. O que significa o "Todo-poderoso"? Ele tem um poder universal: faz tudo o que quer (cf. Sl 115,3). Nada lhe é impossível: Ele é o "Deus Santo, Deus Forte, Deus Imortal". A paternidade e o poder de Deus iluminam-se mutuamente e daí decorre sua ternura: "Tu te compadeces de todos, porque tudo podes" (Sb 11,23). Como ele manifesta sua onipotência? Indo ao encontro de seus fiéis, revelando sua amizade e presença na Graça. Seu poder manifesta-se sobretudo na misericórdia de nos curar das feridas que o mal deixou em nós.

## Filho de Deus-Pai

O cristão acredita que o Deus de Jesus Cristo é a verdade. Essa fé é vivida numa comunidade e não de forma isolada e individual. Trata-se de uma fé comunitária: eu creio unido a tudo o que meus irmãos e irmãs na Igreja acreditam. Ninguém pode crer em Jesus Cristo em desacordo com a fé da Igreja, pois seria um cristianismo privatizado e autônomo, que facilmente cairia no risco de ser uma invenção daquele que diz ter fé.

O texto de Mateus 16,13-17 pode nos revelar o valor de reconhecer o Deus revelado em Jesus.

Jesus de Nazaré, o homem da Galiléia, é o próprio Deus feito carne. É Deus humanado. Esse é o mistério de amor que Jesus veio revelar: Deus-Pai ama tanto o mundo, que enviou o seu próprio Filho para que todo aquele que nele crer tenha vida plena (cf. Jo 13,1; 10,10). O cristianismo é totalmente diferente das demais religiões por causa de Jesus Cristo. Ele é o Filho único de Deus-Pai, que existe desde sempre e para sempre, que não foi criado, que sempre está junto do Pai. Pois esse Filho amado do Pai, no momento que aprouve a Deus, fez-se gente no seio de Maria, assumiu a condição humana para nos mostrar o rosto de Deus, que tem um amor infinito pela humanidade. Ser cristão é ser o continuador dessa obra começada em Cristo: Deus é amor, quem ama permanece em Deus (cf. 1Jo 4,7).

## Espírito, Senhor doador da vida

Deus-Pai, o Criador, enviou seu Filho único para ser o Salvador da humanidade. Os dois, porém, contam com a força e a luz do Espírito Santo, a terceira pessoa da Santíssima Trindade. O Espírito é o sopro vital que todos recebemos do nada e pelo qual passamos a existir. É ele que renova a face da terra e torna o impossível realizável. Ele agiu pelos profetas nos tempos antigos. Ele possibilitou que Deus-Filho se encarnasse no seio da Virgem Maria. Ele faz a estéril dar à luz e o morto ressuscitar. Ele sopra onde quer, quando quer e como quer. Ele é o vento de Deus. Ele é Deus.

É o Espírito Santo que atualiza em cada tempo a mensagem de Jesus. Sem o Espírito, Jesus seria um herói, um profeta, um homem especial, mas jamais seria compreendido como o Mestre e Senhor da multidão que o tem seguido pelos séculos. Por que Jesus e sua mensagem são experimentados por todos nós? Pela ação do Espírito que habita em nosso peito e nos abre os olhos e o coração para acolher esse mistério. Por que cremos que depois de mortos ressuscitaremos? Porque o Espírito renova a face da terra e é força vital.

## Trindade

O Deus dos cristãos, portanto, não pode ser reduzido à lógica comum. São três pessoas, mas não são três deuses. O Pai, o Filho e o Espírito são a Trindade amorosa que nos envolve em seu mistério. O Pai Criador, o Filho Salvador e o Espírito Santificador. Os três estão unidos pelo amor que têm e que doam a toda criação. Na Trindade um, mais um e mais um não são três, mas um só Deus. Grande mistério mais para ser adorado do que explicado. Assim nos foi revelado por Jesus. Um Deus que se explica e se compreende totalmente é um Deus produzido pela nossa razão.

## *Nós cremos*

Crer em Jesus Cristo supõe acolher o que os homens e mulheres que viveram com ele ensinaram, escreveram e transmitiram para as gerações futuras. Trata-se de uma tradição que segue mais de dois mil anos e remonta ao tempo dos apóstolos, que tiveram a sorte de conviver com o Mestre e aprender dele as verdades da nossa fé. Essa tradição é chamada apostólica porque está vinculada àquele tempo e porque depende daqueles ensinamentos primeiros que foram dados para formar discípulos do Senhor.

## *Sinal-da-cruz, sinal da Trindade*

Por acreditar que Deus é uma Trindade de amor, todo cristão inicia suas orações invocando as três divinas pessoas. O cristão começa sua oração dizendo que tudo será feito: "Em nome do Pai, do Filho e do Espírito Santo. Amém".

Ao dizer *em nome do Pai*, coloca sua mão direita indicando a testa: a cabeça, local do cérebro, dos pensamentos, centro do seu ser — tudo converge para o Pai. Ao descer a mão até o peito proclama *do Filho*: no peito está o coração, o pulmão e os demais órgãos vitais; dessa forma proclama-se que Jesus é o Senhor da Vida, aquele que dirige todo nosso ser. Ao cruzar o braço em direção ao ombro esquerdo e depois seguindo em linha reta para o ombro direito, diz de uma só vez *e do Espírito Santo*, indicando que os braços e as mãos, símbolos do trabalho, da ação e das atitudes, devem ser guiados pelo Espírito Santo de Deus. Ao concluir o traçado da cruz desce novamente para o peito onde diz *Amém*, que quer dizer: assim seja, eu concordo, eu creio. Dessa forma tudo o que o cristão pensa, sente e faz está nas mãos de seu Deus, que se revelou aos humanos como uma Trindade de amor: o Pai, o Filho e o Espírito Santo.

Vamos praticar o sinal-da-cruz para fazê-lo corretamente e com um sentido profundo. Há quem faça esse sinal de forma mecânica e sem expressão do amor que tem a Deus. Fazer o sinal com calma e sem acrescentar outros elementos (como beijar a própria mão no final) revela conhecimento do seu significado.

## *Glória*

Há uma oração muito querida pelos cristãos: é o Glória. Trata-se de um louvor dirigido à Trindade Santa. O texto glorifica (louva, engrandece, agradece e bendiz) as três pessoas da Divina Trindade afirmando que, como no princípio da criação e ao longo dos tempos, isso continua hoje sendo motivo de oração e será para sempre. Pois o destino de toda a criação é louvar seu Deus que nos fez do nada e ao tudo nos encaminha. No final se diz o *Amém*. Cada vez que dizemos *amém*, estamos dizendo: eu aceito, eu concordo, eu creio nisso!

*Glória ao Pai, ao Filho e ao Espírito Santo. Como era no princípio, agora e sempre. Amém.*

### OREMOS[1]

RICA, n. 113: A assembléia ora em silêncio, **quem preside** impõe as mãos sobre cada catecúmeno e depois diz a oração:

*Deus todo-poderoso e eterno, que nos prometestes o Espírito Santo por meio do vosso Filho Unigênito, atendei a oração que vos dirigimos por estes catecúmenos que em vós confiam e por estes que querem seguir vosso Filho mais de perto. Afastai deles todo espírito*

---

[1] No final do encontro, o grupo coloca-se em atitude de oração. Recomenda-se cantar ao Espírito Santo.

*do mal, todo erro e todo pecado, para que possam tornar-se e viver como verdadeiros templos do Espírito Santo. Fazei que a palavra que procede da nossa fé não seja dita em vão, mas confirmai-a com aquele poder e graça com que o vosso Filho Unigênito libertou do mal este mundo. Por Cristo, nosso Senhor.*

**Todos:** *Amém.*

*Capítulo 11*

# O Pai, Criador do céu e da terra

### ACOLHIDA

Quantas vezes já nos perguntamos: Quem sou? De onde vim? Para onde vou? Existe algo depois desta vida? Há um criador para o universo? As respostas a essas perguntas já estão sendo debatidas há muitos séculos. Filósofos e religiosos têm-se ocupado de encontrar luzes para essas inquietações.

### *Para conversar*

- Você já parou para pensar quem é você?
- Quem escolheu o seu nome e por quê?
- O que mais marcou sua vida até agora?
- Quais os fatos que não lhe saem da memória e por quê?
- Quais as grandes perguntas que estão na sua mente e no seu coração?
- Quais as dúvidas e questionamentos que você tem?
- Que projetos de futuro você faz?

### QUEM SOMOS NÓS?

À medida que você expõe suas inquietações e esperanças, mostra-se um ser muito maior que qualquer outro. Você tem sonhos, desejos e preocupações. Uma abelha não se preocupa, apenas faz mel. Um peixe não se questiona por que está no mar ou no rio de água doce. Mas nós nos questionamos. A vida é feita de perguntas, pois desejamos saber mais do que o somos agora, queremos saber o que seremos.

## Por que Deus nos fez?

Dentre as explicações a essa dúvida, há as das religiões do mundo, que tentam responder, cada uma do seu jeito. Nós, cristãos, seguimos o que a Bíblia diz. O texto bíblico foi escrito por pessoas semelhantes a nós que questionaram e, no encontro com o Deus verdadeiro, receberam respostas que não explicam tudo, mas aquecem e satisfazem o coração humano; elas não descobriram tudo, mas entraram em contato com o Criador que lhes falou.

Hoje, portanto, você também pode encontrar-se com esse Deus que a Bíblia fala, pois ele se revela no meio de nossa vida, em nossa história, apresentando-se entre nossas angústias e esperanças.

Quem compôs o Salmo 8 fez um hino de louvor à grandeza de Deus, por ter criado o ser humano. O texto fala das obras que Deus realiza, e recorda que mesmo as crianças cantam a grandeza de Deus. Mas no coração do salmo está uma pergunta: Quem somos nós diante do Deus todo-poderoso? Por que ele nos fez tão importantes? Por que ele vem ao nosso encontro e nos visita? Vamos ler o Salmo 8.

## Somos filhos!

O Salmo 8 diz que somos criaturas de Deus, isto é, somos fruto do desejo, da vontade, do sonho de um Criador. Somos a realização do projeto de Alguém. Ele pensou em nós antes que existíssemos. Deus nos fez como filhos e não apenas criaturas como os animais e as plantas. Ele nos deu capacidades especiais que apenas nós, seres humanos temos: pensar, ser livre, amar, reconhecer que temos um Pai Criador.

Por que será que Deus nos fez tão diferentes das outras criaturas?

Mais um texto pode nos ajudar. A Bíblia diz que Deus criou tudo o que existe. A criação dos humanos, porém, foi especial.

Vamos ler Gênesis 1,26-27.

Encontramos nesse texto uma luz muito grande para percebermos quem somos: *imagem e semelhança de Deus*! O Criador quis que o ser humano fosse mais do que uma criatura, mas tivesse todas as condições de ser chamado de *filho, filha*!

Geralmente as pessoas que nos conhecem dizem: Ele é a cara do pai! Ela lembra muito a mãe! Ele se parece mais com sua mãe! Ela tem algo que lembra o seu pai!

Somos, portanto, uma continuidade inédita dos outros. Isto é, ninguém é igual, mas todos trazemos características e semelhanças dos parentes. *Muito mais, trazemos a imagem do nosso Deus, que é Pai, pois nos criou.*

Por que ele fez isso? Porque ele é amor. É próprio do amor criar e produzir o bem fora de si, ir além de si mesmo e pensar mais nos outros do que em si. Deus não é solidão, e por isso cria no amor.

## Nossa fé
### O *relato da Criação*

Há muitos anos, o povo da Bíblia começou a se perguntar sobre a sua origem. Alguns sacerdotes daquele tempo procuraram responder a essa pergunta por meio de símbolos, na forma de uma história familiar que se encontra no livro de Gênesis. Eles atribuíram a origem da humanidade a um único casal.

A Bíblia não é um livro científico. Para entendermos melhor a Bíblia é preciso fazer uma distinção entre o que é exato e o que é verdadeiro. Exato é tudo o que pode ser visto, tocado, provado... Verdadeiro é tudo o que traz vida, dinamismo, e gera o novo na vida das pessoas, mesmo não havendo provas concretas.

Não é exato o modo como a Bíblia relata a criação do mundo em sete dias e como relata a criação do homem e da mulher. Mas é verdadeiro o que a Bíblia afirma sobre a criação do mundo e sobre a criação do homem e da mulher, porque narra como o povo de Israel viu e viveu, mediante seus antepassados, a sua relação inicial com Deus.

No livro do Gênesis há duas narrativas que se referem às origens do mundo e da vida.

## A primeira narrativa (Gn 1–2)

a) "Façamos" o homem à nossa imagem e semelhança — a Trindade presente no ato criador, fazendo a criatura em igualdade de condições com Deus na liberdade, inteligência e vontade.

b) No primeiro dia separa-se a luz das trevas (discernimento, clareza). No segundo dia, são feitos o firmamento e as águas. No terceiro dia, é separada a terra do mar (necessidade de ter um chão firme). No quarto dia, os luzeiros Sol e Lua (dias e noites, festas). No quinto dia os animais e peixes (evolução das espécies). No sexto dia, a terra produz cada animal e planta conforme sua espécie, e Deus faz o homem à sua imagem e semelhança. No sétimo dia, Deus repousou, descansou de sua atividade criadora. Para nós, cristãos, porém, após a ressurreição de Jesus no primeiro dia da semana, a data principal de santificação do dia do Senhor passa a ser o domingo (*Dies Domini* = dia do Senhor).

Ao ler a Bíblia, devemos ter em mente que os judeus, que a escreveram, têm por hábito o uso de números simbólicos. Assim como usamos regionalmente expressões para simbolizar quantidades, como: "a três por quatro" e "pra mais de metro", quando o judeu quer mostrar uma quantidade perfeita, usa o número 7 (sete dias é o tempo suficiente para a criação de um universo perfeito, setenta vezes sete é a quantidade certa de vezes para perdoar etc.).

Por isso, não se deve levar ao pé da letra o número. O que são sete dias para Deus, que está acima do tempo? Já dizia um santo: "Para Deus, mil anos são como um dia, e um dia como mil anos!".

Com isso, não se quer dizer que o Gênesis não foi inspirado por Deus e está errado. Ao contrário, a ciência nos diz que a seqüência relatada nos sete dias é perfeitamente coerente com a teoria da evolução das espécies, conhecimento esse que o ser humano por si só não tinha na época. Apenas se quer concluir que o relato bíblico não é oposto às descobertas científicas, e não deve ser absolutizado como nossa catequese tradicional herdou da Idade Média, que condenava quem ousasse sugerir que Adão e Eva não haviam sido apenas um homem e uma mulher, mas a figura dos primeiros seres humanos capazes de raciocinar e reconhecerem a força superior de Deus.

## A segunda narrativa (Gn 2,4bss)

Deus modelou o ser humano em barro, ou seja, é mortal (humano vem de húmus, assim como Adão, que significa terra fértil).

Criou a mulher da costela do homem, ou seja, do lado, em igualdade de condições.

Criou um jardim, o Paraíso, com a árvore da ciência no centro: é a imagem de uma natureza que funciona de forma harmoniosa, mas que no momento em que começa a pecar, o homem conhece a morte. O fruto da árvore da ciência é o conhecimento do bem e do mal.

A serpente é o símbolo clássico da traição, também escolhida para representar o mal por ser adorada como um deus por povos vizinhos aos judeus.

A sensação de estar nu após comer da fruta (a narração não diz que é uma maçã), mais do que perceber que estavam sem roupas, mostra o sentimento claro de estar fora de lugar, em desarmonia com o Paraíso criado por Deus sem maldade, egoísmo, orgulho e cobiça.

Caim e Abel não são os filhos únicos de Adão e Eva, pois naturalmente não teriam continuidade biológica. Representam, isso sim, em Caim, aquele que não tem comunicação com Deus, mas inveja, ciúme e ódio; e em Abel, aquele que está em sintonia com Deus. A primeira vez que a palavra pecado aparece na Bíblia é num contexto social.

## O *"não" do ser humano: o pecado (Gn 3,1-24)*

Para o autor, o homem é responsável pelo mal que existe no mundo. Ele também achou que "algo estava errado", porque o povo de Deus não seguia o caminho do bem, da justiça, do amor... Era preciso chamar a atenção do povo para mostrar que Deus não quer o inferno, mas o Paraíso aos seus filhos. Foi o homem que, pelo "não", mudou o plano de Deus. Quando o autor escreveu, ele partiu da idéia do Paraíso (= projeto de Deus). Quis mostrar que as coisas, do jeito como andam, não estão de acordo com a vontade de Deus.

O pecado existe desde que o mundo é mundo, desde as origens. Daí a expressão de pecado original. A raiz do mal está na escolha errada que o homem faz diante de Deus, pois recusa ficar no seu lugar de criatura para tentar conquistar o lugar do Criador.

O que representa a serpente? Para o povo hebreu, como para nós, a cobra é um animal traiçoeiro. Além disso, a serpente era o símbolo da religião Cananéia. Era um povo que tinha sido vencido pelos hebreus, mas mesmo assim foi insinuando, entre os israelitas, a serpente tentadora, isto é, a sua religião pagã com práticas de magias.

Pouco a pouco a serpente foi tida como símbolo de todo mal, que afasta os homens do caminho de Deus. No livro do Apocalipse, a serpente já virou um grande dragão (cf. Ap 12,9). Representa Satanás, isto é, as forças do mal.

# Deus renova sua Aliança (Gn 6,5-8) – A Arca de Noé

No dilúvio, toda a humanidade, aves e animais, tudo, enfim, teria morrido, exceto Noé, seus três filhos — Cam, Jafé e Sem —, suas noras e os animais que entraram na arca. Noé era um homem justo e temente a Deus. O Senhor lhe disse:

> Fabrica para ti uma arca [...]. Eu quero mandar um dilúvio sobre a terra, e há de morrer tudo quanto vive sobre a terra! Contigo, porém, farei minha aliança. Entrarás na arca com todos os teus. Toma também os animais de cada espécie para que sobrevivam contigo; alimento e víveres variados, para o sustento de todos.

Foi como se, através dos filhos de Noé e de todos os que saíram da arca com ele, Deus tivesse renovado seu ato criador. Todos os homens são "adão" e "eva".

## Os pais da nossa fé: os patriarcas

Noé e seus filhos deram origem à nova humanidade que povoou a terra. Segundo a descendência encontrada em Gênesis, os israelitas são descendentes de Sem (daí serem chamados de semitas). Abraão faz parte dessa descendência e é considerado o pai, o patriarca do povo da Bíblia. De Sem, filho de Noé, tiveram origem Abraão, Isaac, Jacó e todos os seus descendentes que deram origem ao povo hebreu, israelita ou judeu.

Um grande número de estudiosos, hoje, observa que o tempo que abrange as narrativas patriarcais é muito longo. Concluem, então, que essa não é a história de uma família, na qual se sucederam gerações, mas sim de um agrupamento de povos com diferentes origens, situados em regiões diversas. Os doze filhos de Jacó deram origem às doze tribos de Israel. O povo da promessa!

Nas narrativas dos patriarcas são bem características as "promessas" de Deus, inicialmente com a promessa a Abraão de um grande povo, da bênção de Deus e de um grande nome.

Os três grandes patriarcas foram Abraão, Isaac e Jacó (Israel). A importância dada a eles reside em sua relação excepcional com Deus (o "Deus de Abraão", o "Deus de Isaac" e o "Deus de Jacó"). Essa expressão "Deus de..." foi identificada posteriormenta como o "Senhor" (Adonai = Javé).

## *A Palavra de Deus*

Proclamar: Gênesis 1,1-27.

Deus criou o céu, a terra e a luz no princípio. Deus criou o ser humano à sua imagem e semelhança.

## *Para conversar*

- O texto bíblico afirma que tudo o que Deus criou era bom! O que indica para nós essa afirmação? E o que existe de mau no mundo?

- No versículo 26 aparece um verbo no plural. Indica que Deus é uma comunidade de amor: a Santíssima Trindade. Que verbo é? O que foi criado?

- O verbo "dominar" do versículo 26 não significa usar sem escrúpulo os seres criados. O ser humano é chamado a dominar com cuidado, protegendo o jardim de Deus. Como vem sendo usada essa expressão pelas gerações atuais?

- O que significa dizer que o humano é imagem e semelhança de Deus?

# ORAÇÃO

**Leitor:** *Senhor nosso Deus, Criador de todas as coisas.*
*Ousamos chamar-te de Pai,*
*porque no teu infinito amor criaste todos nós.*
*Obrigado(a) por ter me dado a vida.*
*Obrigado(a) por ser teu(tua) filho(a).*
*Concede-me a alegria de viver sempre*
*ao teu lado, trabalhando no amor.*
*Ajuda-me a construir uma vida marcada pelo amor.*
*Senhor, no início dessa caminhada que me leva mais perto de ti,*
*eu peço a graça de seguir na tua estrada*
*testemunhando o amor que recebi*
*E proclamando teu amor a todos que convivem comigo.*
*Bendito seja teu santo nome, Deus Amor,*
*porque temos a felicidade de chamar-te de Pai!*
*Amém.*

**Todos:** *Nós proclamamos a vossa grandeza, Pai santo,*
*a sabedoria e o amor com que fizestes todas as coisas:*
*criastes o homem e a mulher à vossa imagem*
*e lhes confiastes todo o universo,*
*para que, servindo a vós, seu Criador,*
*dominassem toda criatura.*
*E quando pela desobediência*
*perderam a vossa amizade,*
*não os abandonastes ao poder da morte,*
*mas a todos socorrestes com bondade,*
*para que, ao procurar-vos,*
*vos pudessem encontrar.*
*Socorrei, com bondade, os que vos buscam!*[1]

---

[1] *Missal Romano.* Oração Eucarística IV.

## BÊNÇÃO

RICA, n. 119: Quem coordena o encontro estende as mãos em direção aos candidatos (colocam-se de joelhos) e diz:[2]

*Oremos. Senhor Deus onipotente, criastes o ser humano à vossa imagem e semelhança, em santidade e justiça, e quando ele se tornou pecador, não o abandonastes, mas pela encarnação de vosso Filho lhe providenciastes a salvação. Salvai estes vossos servos e servas, livrai-os de todo mal e da servidão do inimigo e deles expulsai o espírito de mentira, cobiça e maldade.*

*Recebei-os em vosso Reino e abri seus corações à compreensão do vosso Evangelho para que sejam filhos da luz, dêem testemunho da verdade e pratiquem a caridade segundo os vossos mandamentos.*

*Por Cristo, nosso Senhor.*

**Todos:** *Amém.*

Ao terminar a bênção os catequizandos aproximam-se de **quem preside** e este impõe as mãos sobre cada um.

---

[2] No final do encontro, o grupo coloca-se em atitude de oração. Recomenda-se cantar ao Espírito Santo. RICA, n. 115, p. 181.

*Capítulo 12*

# Deus liberta seu povo

### ACOLHIDA

Vamos falar sobre a libertação do povo hebreu escravo no Egito. Vamos conhecer Moisés e o Deus único e verdadeiro que a ele se revelou como Javé. Até hoje os judeus comemoram a Páscoa como a passagem dessa escravidão para a libertação. Jesus, como bom israelita, sempre comemorou essa festa. Nós, seguidores de Jesus, celebramos a Páscoa num sentido mais amplo, pois recordamos a libertação que Jesus nos conseguiu com sua Páscoa. A Páscoa dos judeus é sinal antecipatório da aliança nova e eterna que se realizou na cruz e ressurreição de Cristo. Conheceremos também os dez mandamentos da lei de Deus.

### DINÂMICA

#### O *encontro*

Os participantes leiam com antecedência o texto abaixo pesquisando as citações bíblicas.

O encontro desenrola-se em dois momentos: a ceia e o deserto. Os participantes reúnem-se em uma sala com uma mesa com pão ázimo, vinho e verduras amargas, que recorda a ceia apressada que os hebreus comeram no Egito antes de atravessar o mar (cf. Ex 12) e que anualmente eles a renovam.

Em grandes linhas, retoma-se o texto sobre *a ceia*. Proclama-se Ex 14,15-31. Os candidatos são estimulados a comentar o texto bíblico. Neste momento, detêm-se apenas na compreensão do episódio. O grupo dirige-se para o outro lugar cantando: O *povo de Deus no deserto andava, mas à sua frente...*

Em um outro ambiente preparado com cartazes sobre os dez mandamentos e sobre situações de violência e exclusão, abre-se a oportunidade de comparar a experiência do êxodo com a história das lutas pelas liberdades. Questionar-se por que há tanta escravidão; identificar os Faraós e como entender o Deus libertador. Isto é Páscoa.

Olhemos para as gravuras que foram preparadas para esse encontro. Procuremos fazer preces de súplica ao Deus que ouve o clamor do seu povo apresentando-lhe as escravidões e opressões de nosso tempo. A cada prece digamos: *Ouve, Senhor, o clamor do teu povo!* No final, rezar juntos o pai-nosso.

## A CEIA

"Nós éramos escravos do Faraó no Egito, mas Javé nos tirou do Egito com mão forte" (Dt 6,21). O povo de Israel teve seu começo no Egito (cf. Ex 1,1-7). Em Gn 37–50 narra-se a razão para justificar a escravidão do povo que lá vivia. Na história dos patriarcas destaca-se o conflito ocorrido na família de Jacó por ocasião da venda de um de seus filhos (José) pelos irmãos aos mercadores do Egito. Muito tempo depois, forte seca assola a Palestina, terra de Jacó, obrigando os irmãos de José e seu pai a buscarem refúgio na terra do Egito, onde o filho, vendido como escravo, é o administrador do Faraó. José acolhe os irmãos e também o pai. Segue-se um tempo de paz. Quando José morre este povo, já muito numeroso, é visto como uma ameaça ao poder do Faraó. O povo começa a trilhar um caminho difícil de submissão e de falta de garantias (cf. Ex 1,8-14).

Formas de opressão são impostas. Além de sobrecarregar o povo, o Faraó pratica o controle exercido sobre a própria vida do povo, impedindo-o de multiplicar-se: é o controle demográfico. Tal atitude evidencia que o opressor tem um projeto de morte e não de vida, e isso porque o seu objetivo é acumular e não repartir (cf. Ex 1,15-16.22).

## A LIBERTAÇÃO COM MOISÉS, O HOMEM DO ÊXODO

Diante da opressão insustentável, surgem sinais de reação. As parteiras recusam-se a obedecer à ordem do Faraó, de tirar a vida dos meninos recém-nascidos. É o temor de Deus (cf. Ex 1,17), que as leva a perceber que o Deus da vida é mais importante do que o Faraó que ordenara a morte. Assim é poupado da morte o grande líder Moisés, que guiará os israelitas da escravidão do Egito, através do deserto, até as fronteiras de Canaã. Nascido no Egito e criado pela filha do Faraó, foi educado como um egípcio. Já adulto, ficou de tal modo revoltado com a maneira cruel como eram tratados os hebreus, que matou um supervisor egípcio (cf. Ex 2,11-12).

Depois de quarenta anos, Deus manifestou-se a Moisés. É na montanha que Moisés tem a experiência desse Deus. Moisés não vê Deus, e sim um fenômeno misterioso: fogo que não queima. Esse Deus traz a grande revelação: ler Ex 3,7-8 ("Eu vi a opressão de meu povo...").

## O *projeto da libertação*

Diante do arbusto que ardia em fogo, mas não se consumia, Moisés entendeu que Deus lhe estava falando. Deus disse-lhe que voltasse ao Egito e pedisse ao Faraó que deixasse seu povo sair (Ex 3,18). O Faraó recusou. Em conseqüência, os egípcios sofreram o castigo das "dez pragas". Finalmente o Faraó consentiu que Moisés saísse com os israelitas. Mas logo mudou de idéia e perseguiu-os até o mar dos Juncos (mar Vermelho). Os israelitas conseguiram atravessar o mar e penetrar no deserto, enquanto o exército egípcio morreu afogado. A travessia do mar Vermelho foi a passagem da escravidão para a liberdade (cf. Ex 14–15). Aconteceu com a participação direta de Deus, mas também com a luta desse mesmo povo para tal fim. É uma celebração da vitória de Deus e da vitória do homem.

## O *deserto*

O longo confronto com o opressor leva o oprimido à libertação. É uma vitória de Deus junto com os oprimidos. Agora, deve ter lugar uma nova forma de relação social, em que a opressão dê lugar à participação.

A maior dificuldade que os israelitas encontram é exatamente começar a vida em liberdade. O primeiro empecilho é a perseguição do opressor, que ainda continua. Quando os hebreus vêem que os egípcios os perseguem, dizem a Moisés:

> Será que não havia sepultura lá no Egito? Você nos trouxe ao deserto para morrermos! Por que nos tratou assim, tirando-nos do Egito? Não é isso que nós dizíamos a você lá no Egito: "Deixe-nos em paz, para que sirvamos aos egípcios"? O que é melhor para nós? Servir aos egípcios ou morrer no deserto? (Ex 14,11-12; 16,3).

A acusação é grave: o povo acusa Moisés, seu líder, de tê-lo conduzido para a morte e não para a vida. A escravidão acomoda, porque não implica perigos e riscos. O povo deve assumir responsabilidades que decorrem de sua própria libertação.

Viver em liberdade supõe uma nova aprendizagem: produzir e administrar os próprios meios de subsistência. A abertura do mar, a água da rocha, o maná e as codornizes parecem milagres. De fato, quando o povo começa a acreditar em si mesmo, os meios surgem de formas inesperadas e mais abundantes de quanto se podia prever.

Em meio às dificuldades para iniciar a vida livre, surge também outra tentação: a de retomar antigos vícios aprendidos dentro do sistema opressor. É o que encontramos em Ex 16. Em resposta à fome, o povo recebeu o maná, que caía todo dia pela manhã. Foram instruídos para recolher apenas o necessário ao dia, sem acumular para o dia seguinte. Dessa forma, todos tinham o suficiente, não faltando nada para ninguém.

Alguns acumularam para o dia seguinte, mas o que fora acumulado "criou vermes e apodreceu" (Ex 16,20). Isso mostra que o espírito de posse e acumulação não tem sentido numa sociedade que pretenda ser igualitária, participativa, onde tudo se partilha fraternalmente. O acúmulo da riqueza e do poder gera desigualdade e, conseqüentemente, exploração e opressão.

A finalidade da libertação era ir para a "terra onde corre leite e mel". Contudo, ao sair da terra da opressão, o povo entrou no deserto, lugar de dificuldades e tentação de voltar atrás. É um povo liberto, mas que ainda precisa *aprender* a viver a liberdade, sem cair numa nova opressão. Agora é preciso construir uma nova sociedade.

## A ALIANÇA – AS BASES DE UMA NOVA SOCIEDADE

Aliança é compromisso (cf. Ex 19). Após conseguir a libertação, desejada pelo povo e inspirada por o Deus, Israel agora está livre da opressão. Para consolidar a nova situação, para preservar a libertação que apenas iniciou, surge o conceito de aliança com o Deus libertador, que está sempre suscitando a prática da libertação. Javé aparece como protetor permanente dos oprimidos e exige que ninguém seja opressor de ninguém. A única autoridade sobre o povo é o próprio Deus. Estar em aliança com Deus é ser escolhido para uma missão: manter na história a memória viva do Deus libertador — compromisso em desenvolver continuamente uma prática libertadora que denuncie e combata o opressor, entrando em aliança com todos os que são oprimidos.

## Os *mandamentos – a constituição do povo de Deus*

O compromisso fundamental com o Deus da aliança se expressa no Decálogo (cf. Ex 20,1-17). Decálogo significa literalmente "dez palavras". Deus revelou estas Dez Palavras ao povo no monte Sinai (cf. Ex 34,28; Dt 4,13; 10,4). Indica os passos e as condições para o povo viver a justiça, o amor e a liberdade. Não se trata de simples leis; são princípios que orientam para uma nova compreensão e prática de vida. São o recado, as ferramentas que Deus entregou ao povo libertado para poder continuar na sua marcha para a plena liberdade e conquistar a terra que lhe pertencia, pois a liberdade não se conquista num dia, mas é um longo processo, uma luta persistente. Deus escreve as palavras com seu próprio dedo (cf. Ex 31,18; Dt 5,22). Cada uma delas traz o caminho a seguir para não cair novamente nos mesmos pecados.

Os mandamentos devem ser vistos à luz de Jesus Cristo. O seguimento de Jesus Cristo inclui o cumprimento dos mandamentos. A lei não foi abolida, mas o homem é convidado a reencontrá-la na pessoa de seu Mestre (cf. Mc 2,23-28), que é o cumprimento perfeito dela. Jesus retomou os mandamentos e resumiu-os em dois: "Amarás ao Senhor teu Deus de todo o teu coração, de toda a tua alma e de todo o teu entendimento" e "Amarás o teu próximo como a ti mesmo".

No momento solene da aliança com o povo, Deus apresenta os mandamentos, que são, portanto, o *documento fundante* de uma sociedade que pretende uma vida digna para todos os seus membros e onde todos possam ter acesso aos bens da liberdade e da vida. Porque Deus é libertador e justo, só ele pode dar orientações para que o homem conserve a liberdade e a vida e não volte a ser escravo. Os mandamentos exprimem a resposta que o homem dá ao Deus que liberta.

## Os Dez Mandamentos

1. Amar a Deus sobre todas as coisas
2. Não tomar seu santo nome em vão
3. Guardar domingos e festas
4. Honrar pai e mãe
5. Não matar
6. Não pecar contra a castidade
7. Não roubar
8. Não mentir
9. Não desejar a mulher(o homem) do(a) próximo(a)
10. Não desejar as coisas alheias

Assim, reler o livro do Êxodo hoje é redescobrir o berço da nossa fé, nascida de um acontecimento histórico onde Deus e o povo se uniram para a conquista da liberdade. Hoje, o êxodo é tratado como um acontecimento não mais de dimensões geográficas — sair de um lugar a fim de ir para outro —, mas de conquista do próprio espaço para, na liberdade, construir uma sociedade nova e sempre aberta à criação de locais cada vez mais significativos para o povo expandir a sua experiência de vida. Não há limites para o crescimento da vida humana. O único limite é o horizonte sempre distante da "terra onde corre leite e mel", isto é, o objetivo último e sonho de que um dia o mundo será realmente o espaço onde todos poderão participar da liberdade para repartir a vida.

Jesus apresenta-se no Novo Testamento como o novo Moisés que liberta toda humanidade da escravidão do pecado e da morte para a libertação da graça e da vida eterna!

*Capítulo 13*

# Profetas em nome de Deus

### ACOLHIDA

No encontro de hoje conheceremos a longa preparação do povo de Israel para a chegada de um salvador, o Messias, o Cristo. Os profetas apontam para essa vinda, mesmo sem saber ao certo quando será nem quem virá. Todas as profecias bíblicas indicam que Deus enviará o seu escolhido para libertar e salvar o povo de toda escravidão. Em Jesus tudo o que foi prometido se cumpre. Estudar as profecias é conhecer a pré-história da chegada de Jesus na terra.

### *Para conversar*

- Que é ser profeta?
- Qual é a missão do profeta?
- Profetas só existiram naquela época?
- O que se entende por "idolatria"?
- Quais são os falsos ídolos de hoje?
- Quem são os profetas da sociedade de hoje?

### PROFETAS NA BÍBLIA

O termo *profeta* não quer significar "adivinho". No contexto bíblico o termo passou a ser aplicado às figuras que anunciam e denunciam a vontade de Deus a respeito do homem e do mundo. Para adivinhar é só ter sorte, mas para profetizar é preciso ter coragem e amor ao povo.

Os profetas são tão antigos quanto a história dos grupos humanos. Em cada grupo humano e em cada época surgem profetas, os quais trazem em uma das mãos a vida do povo e na outra o sentido da vida diante de uma realidade superior, diante de Deus. Os profetas aparecem mais em épocas de crises e desmandos sociais, desequilíbrios dos governantes ou crises de fé.

O verdadeiro profeta é confirmado diante da realidade. É a partir dos critérios da fé que ele elabora algum critério de justiça e que julga o povo e os seus líderes. Na boca dos profetas está sempre a Palavra de Deus, e suas palavras estão no coração do povo. Na contramão da história há sempre quem defenda o erro como verdade. Esses são chamados de falsos profetas.

Os profetas são:

- *Videntes*: Ezequiel tem visão dos ossos ressequidos (cf. Ez 37,1ss).
- *Juízes*: Isaías condena o templo e a manipulação do sagrado (cf. Is 1,1-20).
- *Mulheres e homens de crítica radical*: Isaías condena quem acumula terra, acrescenta campo ao campo, casa à casa (cf. Is 5,8-25).
- *Mulheres e homens da Aliança*: Ezequiel diz que Javé quer um coração de carne e não de pedra (cf. Ez 36,25-28).

## Amós (780-750) – o plantador de árvores

Ele é um dos primeiros profetas de Israel dentro do período da monarquia. Ele aparece profetizando no Reino do Norte, junto ao santuário de Betel. Ali havia um sincretismo religioso e cultos a outros deuses que manifestavam o descrédito e as infidelidades do povo a Javé. Amós afirma que esses grupos interesseiros de falsos sacerdotes e líderes políticos perversos afrontavam a miséria do povo pela sua luxúria e ostentação. Ele reclama dos nobres, pois, enquanto a miséria do povo aumentava, eles banqueteavam com o lucro da falsificação das balanças na época das colheitas.

## Isaías (740-690) – profeta do tempo novo

Na Bíblia o livro de Isaías vai do capítulo 1 até o 66. O livro pode ser dividido em três grandes partes:

Isaías 1–39 contém a mensagem do profeta Isaías, cuja preocupação central é a santidade de Deus. O autor fala e adverte dos perigos da idolatria, da injustiça etc., antes do exílio da Babilônia. As outras partes do livro são indicadas a seguir.

O primeiro Isaías é o profeta de um tempo novo, "porque nasceu para nós um menino, um filho nos foi dado, e ele se chama Conselheiro Maravilhoso, Deus Forte, Príncipe da Paz" (cf. Is 9,1-6). "Nascerá um descendente de Davi, da casa de Jessé, e sobre ele repousará o Espírito do Senhor com os seus dons" (Is 11,1-4).

## Miquéias (725-690) – o profeta do novo êxodo

O profeta Miquéias profetiza no Reino do Sul (Judá). Ele é camponês, no estilo de Amós. Sua profecia pode ser caracterizada pelos seguintes aspectos: *Javé abandona o templo*: a falsidade do culto fez com que Javé saísse do templo. Contemporâneo de Isaías, ele profetiza de modo mais duro (cf. Mq 3,12). *Os políticos devoram o povo* (cf. Mq 3,1-3). *Balanças falsificadas*: solidário com a situação dos camponeses — quando vendiam seus produtos, quem os pesava eram os comerciantes inescrupulosos da cidade. Ele acompanha a linha de Amós na defesa dos direitos do campo contra a exploração da cidade (cf. Mq 6,9-15).

*A restauração virá com um novo messias*: Miquéias é o profeta do novo êxodo. O povo ignora o seu passado e parece querer repetir a experiência. No entanto, o profeta ainda fala de esperança: "E tu (Belém) Éfrata, embora o menor dos clãs de Judá, de ti sairá para mim aquele que será dominador em Israel (cf. Mq 5,1).

# *Jeremias (650-580) – o homem que lamenta*

Jeremias é o profeta que presencia o acontecer de suas profecias. Nascido na marginalização, Jeremias, ainda jovem, é chamado à missão. Filho de família sacerdotal, marginalizado por sua linha de pensamento, torna-se um profeta por vocação. Jeremias é a alma transparente, poética e aberta. Sente os problemas do povo como se fossem as suas próprias dores e desabafa (cf. Jr 15,17-18).

Jeremias diz que é inútil apresentar sacrifícios e orações a Deus se não há interesse para modificar a situação.

*A Aliança*: depois de dar o atestado de óbito ao povo e ao rei, afirmando que não sobraria ninguém para chorar os defuntos, Jeremias anuncia uma Nova Aliança (cf. Jr 31,31-33).

Nenhum profeta experimenta tanta dor e situações adversas como ele. Porém Deus garante que estará sempre com o profeta, tornando-o uma coluna de ferro (cf. Jr 1,17-19).

Na Bíblia há muitos outros profetas que denunciam os desvios do povo, da política e da religião. Eles, porém, anunciam um tempo quando o próprio Deus vai agir e enviar um salvador: um Messias.

## O EXÍLIO E OS PROFETAS

Os profetas aparecem principalmente quando Israel começa a enfraquecer e tornar-se presa fácil de outras nações que acabaram exilando o povo de Deus

O Exílio indica o período que vai da destruição de Jerusalém pelos Babilônios, em 587 a.C., à reconstrução iniciada em 537 a.C., ainda sob o domínio persa. Era uma prática muito antiga deportar em massa os povos conquistados para servirem como escravos e perderem seu sentido de identidade nacional.

# Segundo Isaías

Nesse contexto aparece Isaías 40–55, capítulos que foram escritos por um profeta anônimo, na época do exílio da Babilônia. O autor ou a comunidade encontram-se exilados, mas estão esperançosos no fim do cativeiro. O livro fala de esperança e consolação. Esse profeta é comumente chamado de Segundo Isaías.

Os dominadores queriam que os hebreus exilados oferecessem espetáculos e tocassem canções judaicas, mas estes respondiam: "Cantar de que jeito, se a saudade da pátria nos tranca a garganta?". O livro tem características de situar-se mais próximo do fim do cativeiro e no prelúdio do final da Babilônia. A partir da sua temática podemos destacar alguns tópicos:

1) *O monoteísmo*: diante de Javé os ídolos são anulados e não servem para nada (cf. Is 41,21-29). Há um só Deus.

2) *A consolação*: com a certeza de que a libertação estaria próxima, o profeta reconstitui as promessas antigas de que Deus é Senhor da História e consola o seu povo (cf. Is 45,1-7).

3) *Incentivo para o retorno*: com o decreto da libertação, muitos não queriam retornar para casa e preferiam ficar no estrangeiro. Alguns já estavam instalados e não queriam abandonar o que já tinham conseguido para voltar e saber que deveriam começar tudo outra vez. Para incentivar o retorno no momento em que a libertação viesse a acontecer são feitas algumas profecias-promessas, dizendo aos cativos: "Saí; aos que estão nas trevas, vinde à luz" (Is 49,9).

4) *Os quatro cânticos*: com uma dimensão escatológica muito acentuada, o profeta constrói quatro poemas, chamados os quatro cânticos do servo: Is 42,1-9; 49,1-6; 50,4-11; 52,13–53,12. Conclusão: Deus é fiel, misericordioso e consolador.

## O RETORNO A ISRAEL DEPOIS DO EXÍLIO

Foi Ciro, rei da Pérsia, que em 538 a.C., mediante um decreto, o Edito de Ciro, deu liberdade aos exilados para retornarem à sua terra.

Essa libertação dos judeus da Babilônia foi uma libertação relativa. Os que voltaram para reconstruir a cidade e o templo receberam apoio da corte oficial persa, mas em troca deveriam favores através de impostos. Israel recuperou a posse da terra e da cidade, mas permaneceu preso à Pérsia como uma colônia.

Durante o exílio na Babilônia, o templo e Jerusalém foram destruídos. A situação dos que permaneceram em Judá e dos exilados era de desolação e tristeza (cf. Lm 5,2-5); mas Deus, que é fiel, não os havia esquecido e suscitou dentre eles "profetas" que os confortaram e alimentaram a esperança de dias melhores e de um novo êxodo de volta à terra.

Os profetas Jeremias e Abdias atuaram em Judá. Ezequiel e o Segundo Isaías, junto aos exilados.

A dominação dos persas, diferente da dos assírios e babilônicos, angariou a simpatia dos judeus, com projetos de reconstrução das cidades da Judéia, do templo, de Jerusalém e suas muralhas. Isso reacendeu a esperança dos exilados de recomeçar a vida na sua própria terra.

Só que, por trás disso tudo, escondia-se o projeto expansionista da Pérsia, de chegar até o Egito, tendo em vista a ampliação do domínio econômico com a cobrança de impostos. Para conseguir isso, a Pérsia precisava conquistar a simpatia do povo de Judá, tê-lo como aliado e súdito.

O exílio da Babilônia, que durou cerca de sessenta anos, fez tanto os que ficaram em Judá, como os exilados ao retornarem a Israel, se depararem com situações deploráveis e conflitivas. Eles não pensavam, em primeiro lugar, em reconstruir suas bases de fé e vida social, mas, sim, em sobreviver.

Em 597 a.C. Nabucodonosor deportou de Judá a família real, nobres, guerreiros e artesãos, destruindo Jerusalém em 587 a.C.

Em 537 a.C. o Imperador Ciro liberou os judeus para que voltassem à terra natal e reconstruíssem Jerusalém.

## Deus continua presente

O povo sofrido ainda amarga provação de um domínio estrangeiro, e se pergunta: "Deus ainda está presente em nosso meio?" (Is 51,1-3).

Entram em cena os profetas:

- *Ageu* (520 a.C.) – reconstrução do templo.

- *Zacarias* (520 a.C.) – além do templo, incentiva a formação de um novo quadro político, centrado no leigo Zorobabel e no sacerdote Josué (cf. Zc 8,10-17).

- *Trito-Isaías* (Is 56–66 são atribuídos a um terceiro Isaías em 470 a.C.). O autor e a comunidade já estão em liberdade outra vez, e agora precisam consolidar a Aliança. O escrito procura estimular a comunidade que veio do exílio e se reuniu em Jerusalém com os que estavam dispersos.

- *Abdias* (450 a.C.) – estimula a necessária solidariedade entre os mais fracos diante de um opressor.

- *Esdras e Neemias* (445-433 a.C.) – da observância estrita à lei de Deus e do rei, surgiram protestos como diversos escritos bíblicos: Rute, Jonas, Jó, Cântico dos Cânticos, Provérbios (1–9), alguns Salmos e a forma definitiva do Pentateuco. Esses projetos mostram como um grupo se reúne e se organiza para formar uma comunidade, enfrentando dificuldades econômicas, políticas e ideológicas. Resulta dessas três dificuldades a complicada questão da liderança, para que a comunidade não fique entregue ao arbítrio dos poderosos, mas consiga resolver seus conflitos, defender seus direitos e se abrir para o futuro.

- *Malaquias* (depois de 430 a.C.) – o desleixo e a apatia dominam a comunidade após cinqüenta anos, e a fé não é mais força de vida, mas simples culto formalista. O projeto mostra que a submissão a um frio código de leis não tem sentido. Deus, que ama como pai, exige uma resposta urgente e espera um comportamento de respeito e amor. Anuncia também um misterioso mensageiro reconhecido pelos evangelistas como João Batista, o precursor de Jesus.

- *Joel* (400 a.C.) – uma expressão une seu livro todo: "o dia de Javé", isto é, o Juízo final. A misericórdia de Deus, alcançada pela penitência e jejum, transforma o julgamento em dia de libertação e salvação.

- *Jonas* (entre 300 e 200 a.C.) – a misericórdia de Javé é para toda a humanidade. Ele quer que todos se convertam, para que tenham a vida.

- *Daniel* (150 a.C.) – sustentar a esperança do povo fiel e, ao mesmo tempo, provocar a resistência contra os opressores. Mesmo para os que morrem nessa luta, descortina-se a esperança maior: a ressurreição.

## A PROFECIA SOBRE O SALVADOR

A experiência da Aliança realizada pelo povo de Israel foi, ao mesmo tempo, experiência de pecado, infidelidade de uma parte, e de misericórdia e libertação da parte de Deus. O Primeiro Testamento anuncia a plenitude da revelação em Cristo e converge para ela. As maravilhas de Deus realizadas nesse tempo são consideradas profecia do Messias prometido, anunciado pelos profetas. "Predito por todos os profetas, esperado com amor de mãe pela Virgem Maria, Jesus foi anunciado e mostrado presente no mundo por são João Batista" (Prefácio do Advento II).

> Muitas vezes e de muitos modos, Deus falou outrora aos nossos pais, pelos profetas. Nestes dias, que são os últimos, falou-nos por meio do Filho, a quem constituiu herdeiro de todas as coisas e pelo qual também criou o universo (Hb 1,1-2).

Na transfiguração, Moisés representa a lei e Elias, todos os profetas que dão testemunho: Jesus é o Filho amado, o Messias esperado, o Salvador do mundo (cf. Lc 9,28-36).

A palavra Messias significa "ungido", isto é, enviado para a missão de salvar o povo de todas as suas escravidões. É uma palavra hebraica, e o seu correspondente em grego é "Cristo".

Jesus não vem abolir a Lei, mas dar-lhe pleno cumprimento. Ele vem em nome do Pai para fazer sua vontade: o Reino de Deus. "Na plenitude dos tempos, Deus enviou seu Filho, nascido de uma mulher, nascido sob a lei" (Gl 4,4). O Filho de Deus foi concebido pelo Espírito Santo, nasceu da Virgem Maria. O grande amor de Deus por nós se manifesta na Encarnação de seu Filho, que se tornou homem, sem perder a divindade, para nos libertar e salvar. "O Pai enviou seu Filho como salvador do mundo" (1Jo 4,15).

A vinda de Jesus em nossa história inaugura os tempos messiânicos. "Completou-se o tempo, convertei-vos e crede no Evangelho" (Mc 1,15). Esse tempo é o último, porque ele realiza o desejo do Pai de salvar a humanidade. Ele o leva à plenitude com seus braços abertos na cruz e derramando o Espírito Santo sobre todo aquele que crê. Assim, o que foi vivido na primeira aliança e anunciado pelos profetas torna-se plenamente realidade em Cristo.

Assim reza a Oração Eucarística IV: "E, ainda mais, (Pai) oferecestes muitas vezes aliança aos homens e às mulheres e os instruístes pelos profetas na esperança da salvação. E de tal modo, Pai santo, amastes o mundo que, chegada a plenitude dos tempos, nos enviastes vosso próprio Filho para ser o nosso Salvador".

> Se os profetas se caracterizam por terem sido pessoas tomadas pela Palavra, Jesus, sendo a Palavra em pessoa, realiza em si mesmo, em sua vida, atitudes, gestos e pregação, a plenitude da profecia. Sua existência histórica, sua morte e ressurreição devem ser entendidas não só como cumprimento das profecias, mas elas mesmas como profecia, como testemunho permanente do mistério de Deus, como anúncio de seu desígnio de amor, como convite à conversão, como luz que revela o segredo de toda a história e de cada momento.[1]

---

[1] CNBB. *Evangelização e missão profética da Igreja*; novos desafios. São Paulo, Paulinas, 2005. n. 1.1.2, pp. 24-25 (Documento, n. 80).

## Bênção

RICA, n. 119: Quem coordena o encontro estende as mãos em direção aos candidatos (colocam-se de joelhos) e diz:[2]

*Deus, que ordenastes por vossos santos profetas aos que se aproximam de vós: "Lavai-vos e purificai-vos", e constituístes por Cristo o novo nascimento espiritual, olhai estes vossos servos, que se dispõem com fervor para o batismo: abençoai-os e, fiel às vossas promessas, preparai-os e santificai-os para serem dignos de vossos dons e assim receberem a adoção de filhos e se incorporarem à vossa Igreja. Por Cristo, nosso Senhor.*

**Todos:** *Amém.*

Ao terminar, os catequizandos aproximam-se de **quem preside** e este impõe as mãos a cada um.

---

[2] No final do encontro, o grupo coloca-se em atitude de oração. Recomenda-se cantar ao Espírito Santo. RICA, n. 122, p. 185.

*Capítulo 14*

# O nascimento de Jesus

### ACOLHIDA

Nossa fé baseia-se no fato de que Deus veio a nós e se manifestou numa criança do presépio. Maria foi escolhida por Deus para ser mãe do Salvador. Ela é aclamada como a Mãe de Jesus, a Mãe de Deus, a nossa Mãe. Aprofundemos hoje a Encarnação do Verbo de Deus: "E o Verbo se fez carne e habitou entre nós!". A jovem de Nazaré deu à luz o menino Jesus que se revelou como o próprio Deus em nossa carne. Se Jesus é Deus, Maria é a mãe de Deus-Filho. É mãe não porque gerou Deus, mas porque gerou Deus na carne. É a mãe não do Pai nem do Espírito, mas do Filho.

### A PALAVRA DE DEUS

Proclamar: Lucas 2,1-17.

Maria e José viajam a Belém para o recenseamento imposto pelo Império Romano. Jesus nasce num abrigo de animais, porque a cidadezinha está lotada de gente que chegou para o censo. Fora do lugar comum, fora da sociedade e no meio dos animais, nasce o Salvador do Mundo. A salvação do mundo surge onde ninguém espera, até mesmo quando ela é rejeitada.

### *Para conversar*

- Se Jesus nascesse hoje, haveria lugar para ele em nossa sociedade? Por quê?
- Onde ele poderia nascer em nossos dias?

Os pastores são homens pobres, empregados para cuidar de ovelhas. Eles estão nos campos, perto de onde Jesus nasce. A eles o céu anuncia a primeira e mais importante mensagem: Nasceu o Salvador! Eles ouvem o anúncio da paz que está chegando como um presente do céu: Glória a Deus nas alturas e paz na terra!

## *Para conversar*

- O que significa esse anúncio aos pobres pastores?
- Qual o sentido dessas notícias para aquelas pessoas? E para as pessoas de hoje?
- Qual a notícias que os mais abandonados esperam?
- O que significa paz para a maioria das pessoas em nosso tempo?

Os pastores foram até Jesus. Saíram de si e foram até onde Deus se manifesta: numa criança. Quem ouviu a mensagem dos pastores ficou maravilhado. Quais as boas notícias que recebemos hoje? O que nos deixa maravilhados e com esperança de que está nascendo um mundo novo no meio das trevas de nossa vida?

Quando nasceu o filho de Maria, deram-lhe o nome de Jesus, como havia sido anunciado. O nome de Jesus significa: *Deus que salva*. Na verdade, o filho de Maria é o próprio Deus que assume a carne humana. Em Jesus, Deus se faz um de nós, vem morar em nosso meio para nos libertar de todo mal e abrir o caminho da salvação para toda a humanidade. É preciso contemplar naquelas palhas da manjedoura muito mais do que um bebê, embora ele assim se apresente.

Em Jesus o céu e a terra se tocam, pois Deus vem nos visitar e iluminar os nossos caminhos. O autor da vida, aquele que habita uma luz inacessível, aquele que ninguém jamais viu, torna-se humano no ventre de Maria, aparece entre nós na fragilidade de uma criança e assume em tudo, menos no pecado, a condição humana. O Filho de Deus, a segunda pessoa da Trindade Santa, vem a nós. Ele que sempre existiu, que não foi criado e vive unido ao Pai e ao Espírito Santo, digna-se assumir nossa pobre carne mortal e vem dialogar com o ser humano. Deus amou tanto o mundo que mandou seu próprio Filho para nos visitar. A humanidade e a divindade, em Jesus, se encontram.

O Verbo se fez carne e tornou-nos "participantes da natureza divina" (2Pd 1,4). Isso para que, entrando em comunhão com o Verbo e recebendo assim a filiação divina, nos tornemos filhos de Deus. Jesus não é parte Deus e parte homem. Ele é a admirável união da natureza divina e da natureza humana na única pessoa do Verbo; um na Trindade. É verdadeiro Deus e verdadeiro homem.

O Filho de Deus, ao assumir uma alma humana, dotada de conhecimento humano, portanto limitado no tempo e no espaço, e que é aprendido de maneira experimental, corresponde à realidade de seu rebaixamento na "condição de escravo" (Fl 2,7). Mas, ao mesmo tempo, esse conhecimento íntimo e direto que tem do Pai, unido à sabedoria, gozava em plenitude das ciências e dos desígnios eternos que viera revelar.

Jesus conheceu-nos e amou-nos a todos durante sua Vida, sua Agonia e Paixão, e entregou-se por cada um de nós. O Messias tinha clareza de sua missão e de sua decisão de levá-la até o fim. Jesus faz sua opção fundamental: escolhe o Pai e o Reino de Deus.

## CREIO

No Creio, desde os tempos antigos, menciona-se a mãe de Jesus com especial veneração. E a Igreja desenvolveu um carinho muito grande para com aquela que o Pai escolheu por mãe, o Filho nos deu como Mãe e o Espírito nos concede como Mãe da Igreja.

### *Nasceu da Virgem Maria*

Maria sobressai entre (esses) humildes e pobres do Senhor que nele esperam e confiam. Ela é concebida sem pecado e preservou-se, em sua vida, para não pecar: Imaculada Conceição. Deus preparou uma habitação que fosse digna dele. Por isso Maria é Mãe de Deus. Não mãe do Pai e do Espírito Santo, e sim mãe do Filho Jesus que é Deus. Se ela é plenamente mãe de Jesus Cristo, enquanto tal, ela é mãe de Deus. Do Pai ela é a Virgem fiel, e do Espírito Santo ela é a Esposa disponível ao mistério que se encarna em sua vida de forma inaudita.

Sua virgindade perpétua está vinculada à sua fidelidade. A Virgem Fiel assim se manteve ao longo de toda sua vida. A concepção e a virgindade de Maria desafiam a racionalidade e só são facilmente admissíveis pela fé que estrutura nossa existência. Maria é virgem porque este é um sinal de sua fé.

O "sim" de Maria, o seu "faça-se", é uma atitude de obediência a Deus, plenamente. Obedecer *ob-audire* é ouvir e praticar: como fez Maria. O seu "sim" possibilitou que ela se tornasse a Mãe de todos, a *Nova Eva* que restaurou um relacionamento mais profundo entre Deus e a criatura.

## *Revelação*

Desde o Oriente vieram homens sábios que viajaram guiados por uma estrela e chegaram até o Menino-Deus. Diante dele, reconheceram a majestade e a divindade do recém-nascido e lhe ofereceram seus presentes: ouro, incenso e mirra.

Esses sábios ou magos representam todas as pessoas que buscam a Deus de coração sincero, são de várias raças e culturas e viajam, seguem o caminho guiados pela estrela da fé. Quando chegam diante da Verdadeira Luz, Jesus, ajoelham em sinal de adoração à divindade e oferecem seus dons: *ouro* — presente digno dos reis; *incenso* — recordando que o menino tem um sacerdócio muito especial: fazer a unidade entre céu e terra; e *mirra* — perfume utilizado na preparação dos defuntos no Oriente: esse presente recorda que o menino, apesar de tudo, deverá sofrer e morrer, mas que isso trará a libertação da humanidade.

# O *seguimento de Jesus*

Diante das muitas tentativas de reduzir o significado de Jesus para a humanidade, o cristão professa que Jesus não é um ser iluminado, mas é a própria luz; que ele não é apenas mais um líder religioso desse planeta, mas é o próprio Deus que se encarnou; que ele não tem mensagem apenas para alguns seguidores, mas que ele é único, ele é a Verdade que todo ser humano procura e que "não existe debaixo do céu outro nome dado aos homens pelo qual devamos ser salvos" (At 4,12).

O nascimento de Jesus na manjedoura e a visita dos pastores nos tornam mais sensíveis aos irmãos abandonados e sofredores da sociedade. Não se trata apenas de fazer belas campanhas de Natal sem fome, trata-se de viver todo o tempo atento às necessidades dos outros, especialmente dos que precisam de ajuda imediata para viver. Sem o compromisso com o pobre, nossa fé pode ficar surda aos apelos que Jesus nos faz com seu nascimento.

## ORAÇÃO[1]

RICA, n. 119: Quem coordena o encontro estende as mãos em direção aos candidatos (colocam-se de joelhos) e diz:

*Senhor Jesus Cristo, amigo e Redentor da humanidade, em vosso nome todos devem ser salvos e diante de vós todo joelho se dobre, no céu, na terra e nos abismos. Nós vos rogamos em favor destes vossos servos e servas, que vos adoram como verdadeiro Deus. Perscrutai seus corações e iluminai-os; afastai deles toda tentação e inveja do inimigo e curai-os de seus pecados e fraquezas para que, aceitando vossa vontade benévola e perfeita, obedeçam fielmente ao Evangelho e sejam dignos da habitação do Espírito Santo. Vós que viveis e reinais para sempre.*

**Todos:** *Amém.*

---

[1] No final do encontro, o grupo coloca-se em atitude de oração. Recomenda-se cantar ao Espírito Santo. RICA, n. 118, p. 183.

Ao terminar, os catequizandos aproximam-se de **quem preside** e este impõe as mãos a cada um.

(De pé.)

**Quem preside:** *Senhor, o brilho da tua estrela orientou os magos e os fez mudar de rumo após te conhecerem.*

(Em dois coros.)

Lado A: *Pedimos que a luz da tua palavra ilumine nosso caminho de modo a nos aproximar cada vez mais de ti e, ajudados pela tua graça, também possamos mudar em nós o que precisa ser mudado e conseguir assim uma verdadeira conversão.*

Lado B: *Teu amor fez com que assumisses nossa humanidade, fazendo, então, com que ficasses perto, muito perto de nós.*

Lado A: *Na nossa pequenez, não conseguimos reconhecer toda a grandiosidade do mistério da Tua encarnação: "tu és a melhor notícia do Pai".*

Lado B: *É isso que queremos, com teu auxílio, publicar aos que nos cercam, da mesma forma que os anjos anunciaram, aos pastores, o teu nascimento.*

Lado A: *Ajuda-nos, pois, Senhor! Amém.*

*Capítulo 15*

# O pai-nosso

## ACOLHIDA

(Os animadores podem verificar quem tem o costume de orar individualmente, com a família, com a comunidade. De que modo é sua oração? A quem se dirige? Quando costuma orar? A oração é espontânea ou decorada?

Dar as primeiras orientações sobre a oração pessoal: motivar para que se lembrem de Deus ao longo do dia, em qualquer lugar; incentivar para que reservem um momento no dia para a oração; lembrar que a oração pode ser de várias maneiras: de agradecimento, de intercessão, de petição.)

Muita gente diz que tem dificuldades de rezar. Há quem diga: qual a melhor oração, a mais forte, a mais poderosa? Certamente o cristão não se preocupa com a prece mais milagreira ou mais com poderosa, mas com aquela que melhor agrada a Deus.

Os discípulos de Jesus o viram muitas vezes rezar. Percebiam que sua oração era diferente, viam como ele se tornava íntimo de Deus quando rezava. Foi assim que eles tiveram a curiosidade de aprender a rezar daquele jeito. Quando alguém faz algo bem feito, queremos aprender.

Sabemos que Deus é a Santíssima Trindade: o Pai, o Filho e o Espírito Santo. Jesus, o Filho feito carne, ensinou-nos a chamar esse Deus de Pai, para sermos filhos íntimos de Deus e assim podermos compreender o Pai. Jesus rezava de uma forma tão especial que seus seguidores pediram: *ensina-nos a rezar.*

# A Palavra de Deus

Proclamar: Mateus 6,9-13

O pai-nosso é o resumo de todo o Evangelho.

## A ESTRUTURA DO PAI-NOSSO
### A palavra Pai

No tempo de Jesus não era comum chamar Deus de Pai. Chamar o Criador de Pai Nosso causava estranheza. A partir de Jesus, porém, Deus-Pai é alguém próximo, íntimo. Deus-Pai é o que dá a vida, que cria, que educa.

Cristo é o Filho amado do Pai. Cristo nos ensinou a chamar Deus de *Abba*, uma palavra aramaica (idioma que Jesus falava) que significa "papai", pai querido.

A partir de quando nos tornamos dignos de chamar Deus de Pai? Depois do batismo. Todo ser humano é criatura de Deus, mas filho somente depois de ser batizado. Trata-se de conhecer o Deus de Jesus que acolhe todos os seguidores do seu Filho como filhos adotivos. Em Cristo, portanto, nos tornamos filhos e herdeiros, porque participamos da vida do Filho.

Ao chamar Deus de Pai, estamos reconhecendo que ele é a fonte da vida, a misericórdia infinita; que confiamos nele e dele esperamos tudo. Nossas relações com ele são filiais, cheias de amor e de respeito.

Somente por causa de Jesus nos tornamos família de Deus.

### Pai nosso

Colocamo-nos diante do Pai, reconhecemos ser seus filhos. Dizemos "nosso" porque o Senhor é nosso Deus e nosso Pai, e nós somos seu povo, membros da Igreja e irmãos de todos os demais seres humanos. A oração tem uma dupla dimensão: olhamos para o Pai, invisível e Senhor de tudo, mas nos sentimos totalmente ligados a todos os filhos dele como nossos irmãos. Percebemos que ele é Pai de uma grande família da qual somos parte. Essa segunda dimensão é a fraternidade expressa com a palavra "nosso":

> Não se diz "Pai meu", e sim "Pai nosso". Orando assim, as súplicas são estendidas a todo o corpo da Igreja, ordenando-nos para não colocar o olhar em nosso próprio interesse, mas no de nosso próximo. E com um só golpe, o Senhor mata o ódio, reprime a soberba, desterra a inveja, traz a caridade, mãe de todos os bens; elimina a desigualdade das coisas humanas e mostra-nos que o imperador merece a mesma honra que o mendigo (são João Crisóstomo).

O batismo nos confere a dignidade de filhos de Deus. Somos irmãos em Cristo porque recebemos o seu Espírito de filiação. Por isso invocamos a Deus como Pai, e de fato somos filhos, sem distinção de raça, condição social ou sexo. À raiz da igualdade nascida das águas batismais proveniente da filiação ao Pai comum, a tremenda desigualdade social, responsável pela exclusão social, é considerada fruto do pecado, "[...] através do Espírito Santo que ele infundiu em nossos corações, podemos chamar a Deus de Pai e nos tornamos radicalmente irmãos. Ele nos faz tomar consciência do pecado contra a dignidade humana, contra o universo, contra o Senhor [...]".[1]

Ter um Pai comum devolve-nos a consciência da fraternidade universal e questiona diretamente a opulência de uma pequena minoria que gasta à custa da miséria da grande maioria da população. Um Pai que deseja ver a dignidade de seus filhos respeitada, pois são templos do seu Espírito, e a quem não agrada ver a imagem de seu Filho tragada pelo ódio e violência da discriminação social.

---

[1] Cf. CNBB. *Catequese renovada*; orientações e conteúdo. 7. ed. São Paulo, Paulinas, 1984. n. 243 (Documentos da CNBB, n. 26).

A injustiça social assume proporções de ofensa a Deus, que nos criou à sua imagem e semelhança, e se opõe ao mandamento do amor fraterno que Jesus Cristo instituiu como lei da nova e eterna aliança.[2]

## Que estais nos céus

E no nosso meio. A palavra *céus* não significa um lugar, o espaço, mas uma maneira de ser. Não pode existir um lugar que contenha Deus. Não existe lugar fora de Deus. A utilização do céu, ou dos céus, é para mostrar a distância entre Criador e criatura. Nós vivemos na Terra e ele vive no Céu. Isto é, o mundo visível e o invisível são distintos, mas podem se tornar íntimos por causa de Jesus que une o céu e a terra chamando Deus de Pai. A expressão "Que estais nos céus", portanto, designa não um lugar, mas sim a grandeza de Deus e sua presença no coração dos justos e santos. Cada um de nós pode ser o céu onde Deus está.

## Pedidos

Os três primeiros pedidos referem-se à nossa relação com Deus: santificar seu nome, suplicar seu Reino e cumprir sua vontade.

1º **pedido.** *Santificado seja o vosso Nome.* Pedimos que o Nome de Deus seja reconhecido e honrado por nós e em nós, da mesma maneira que em todas as nações e em cada ser humano. Só ele é o Santo. E todos devem reconhecer essa fonte de santidade.

2º **pedido.** *Venha a nós o vosso Reino.* Suplicamos a vinda do reinado de Deus, do mundo novo que ele projetou para todos nós e em Jesus nos deu a conhecer. Reino de verdade e de justiça, de perdão e de paz, Reino onde só o Senhor domina através do seu amor.

3º **pedido.** *Seja feita a vossa vontade assim na terra como nos*

---

[2] Idem. *Exigências evangélicas e éticas de superação da miséria e da fome*, cit., n. 20.

*céus.* Pede-se que saibamos cumprir a vontade de Deus assim como os anjos nos céus vivem para agradá-lo. Que a terra saiba, olhando para Jesus, cumprir o que o Senhor deseja para todos.

Os outros quatro pedidos referem-se à vida humana: pede o sustento, suplica a cura pelo perdão e pede força para combater o mal. Santo Tomás de Aquino fala da importância da oração dominical nas nossas vidas quando diz que "ela é a mais perfeita das orações [...]. Nela não só pedimos tudo quanto podemos desejar corretamente, mas ainda segundo a ordem em que convém desejá-lo. De modo que esta oração não só nos ensina a pedir, mas ordena também todos os nossos afetos".

O catequista comenta com o grupo:

**4º pedido.** *O pão nosso de cada dia nos dai hoje.*

**5º pedido.** *Perdoai-nos as nossas ofensas, assim como nós perdoamos a quem nos tem ofendido.*

**6º pedido.** *E não nos deixeis cair em tentação.*

**7º pedido.** *Mas livrai-nos do mal.*

## ORAÇÃO

(Prepara-se uma mesa com flores, velas acesas e um pão inteiro grande. As pessoas põem-se ao redor da mesa sentadas ou de pé.)
(Canta-se um *canto de comunhão*, possivelmente alusivo ao pão. )

**Comentarista:** *A oração do pai-nosso faz-nos lembrar que pertencemos a essa Família divina, agora reunida no amor do Pai comum a todos. O pão é imagem da unidade dos filhos de Deus, reunidos no único Corpo de Cristo, Filho amado do Pai.*

(Com calma lê-se 1Cor 10,16-17.)

*Homilia partilhada*: somos muitos, formamos um só Corpo

com Cristo.

Nós somos filhos no Filho.

O Pai nos reúne ao redor da mesa como filhos.

Somos convidados para a mesa do Reino do Pai.

Na eucaristia, o Pai nos alimenta com a vida de seu Filho.

(Parte-se o pão; todos recebem um pedaço [repete-se o refrão do canto].

(Quem preside faz a oração de despedida e a bênção final.)

*Capítulo 16*

# Entrega do Símbolo e da Oração do pai-nosso

Depois da catequese sobre o pai-nosso, é hora de celebrar a entrega do Símbolo e da Oração do Senhor.[1]

RICA, n. 182. Convém que a celebração seja feita em presença da comunidade dos fiéis depois da liturgia da Palavra na missa.[2]

## LITURGIA DA PALAVRA COM HOMILIA

Quem preside, baseado no texto sagrado, expõe o significado e a importância do Símbolo para a catequese e a profissão de fé, que deve ser proclamada no batismo e praticada durante toda a vida.

### Entrega do Símbolo

186. Depois da homilia, **o diácono ou um catequista** diz:

*Aproximem-se os catecúmenos para receberem da Igreja o Símbolo da fé.*

**Quem preside** dirige aos eleitos estas palavras ou outras semelhantes:

*Caríssimos catecúmenos, agora vocês escutarão as palavras da fé pela qual vocês serão salvos. São poucas, mas contêm grandes mistérios. Recebam e guardem essas palavras com pureza de coração.*

---

[1] RICA, n. 302, p. 132; nn. 181-192, pp. 49-61.

[2] Sugerimos ser mais conveniente que esta celebração seja dominical. Cf. RICA, n. 302, p. 132: Os crismandos igualmente receberão o Símbolo e a Oração do Senhor.

**Quem preside** começa o Símbolo, dizendo:

*Creio em Deus,*

(e continua sozinho ou com a comunidade dos fiéis):

*Pai todo-poderoso...*

## Oração sobre os catecúmenos

187. O diácono ou outro ministro convida os catecúmenos a se ajoelharem. **Quem preside** diz, com estas palavras ou outras semelhantes:

*Oremos pelos nossos catecúmenos e crismandos:*
*que o Senhor nosso Deus abra os seus corações*
*e as portas da misericórdia*
*para que possam receber nas águas do batismo*
*e nas lágrimas da penitência*
*o perdão de todos os seus pecados e a alegria de*
*viver sempre em Cristo.*

**Todos:** *Amém.*

**Quem preside**, com as mãos estendidas sobre os candidatos:

*Senhor, fonte da luz e da verdade, imploramos vosso amor de Pai em favor destes vossos servos, purificai-os e santificai-os; dai-lhes verdadeira ciência, firme esperança e santa doutrina para que se tornem dignos da graça do batismo (que já receberam ou que vão receber). Por Cristo, nosso Senhor.*

De forma semelhante quem preside poderá entregar a oração do pai-nosso, recomendada pelo RICA, nn. 188-189, p. 57; n. 86, p. 57; nn. 191-192, p. 60-61. Sugerimos, de nossa parte, que seja feita livremente no momento da oração da mesma durante a missa.

*Capítulo 17*

# O Reino em parábolas

### ACOLHIDA

Quando Jesus queria explicar realidades muito profundas como o Reino de Deus, utilizava parábolas, que são pequenas histórias que levam o ouvinte a refletir e decidir sobre o que é contado. É uma interatividade. Jesus usa muito a participação do público na sua pregação.

As parábolas são proferidas para todos, mas somente quem tem fé, isto é, quem confia, consegue compreender sua mensagem. Jesus escolheu esse modo de transmitir os ensinamentos para que os tesouros do Reino sejam dados somente aos que abrem o coração para Deus entrar em sua vida.

## A Palavra de Deus

- O Semeador, Mt 13,5-8
- O Joio, Mt 13,24-30
- O Grão de Mostarda, Mt 13,31-32
- O Fermento, Mt 13,33
- O Tesouro Escondido, Mt 13,44
- A Pérola, Mt 13,45-46
- A Vela e o Candelabro, Lc 11,33ss
- A Rede, Mt 13,47-50
- A Semente, Mc 4,26-29

- A Drácma Perdida, Lc 15,8-10
- As Dez Moedas, Lc 19,12-27

## ATIVIDADE

Material: sementes, moedas, vela acesa, vasilha, pérola, rede de pescar, fermento, sal, farinha, trigo e joio (erva daninha) – colocar tudo no centro da mesa.

Cada participante escolhe uma parábola diferente dos demais. Depois de ler a parábola, procura o símbolo correspondente ao texto escolhido. Tenta memorizar os pormenores do relato. O grupo terá cerca de 15 minutos para ler e se preparar.

Em seguida, cada pessoa contará a parábola de Jesus com suas próprias palavras e usará os símbolos. Depois, o grupo comenta e aprofunda a parábola.

## BÊNÇÃO[1]

RICA, n. 119: Quem coordena o encontro estende as mãos em direção aos candidatos (colocam-se de joelhos) e diz:

*Oremos. Senhor Jesus Cristo, que no monte das bem-aventuranças quisestes afastar vossos discípulos do pecado e revelar o caminho do Reino dos céus: preservai estes vossos servos e servas, que ouvem a palavra do Evangelho, do espírito de cobiça e avareza, de luxúria e soberba. Como discípulos vossos, julguem-se felizes na pobreza de alma e desejo de justiça, na misericórdia e pureza de coração; sejam porta-dores da paz e sofram as perseguições com alegria para terem parte em vosso Reino e, alcançando a misericórdia prometida, gozarem no céu o júbilo da visão de Deus. Vós que viveis e reinais para sempre.*

**Todos:** *Amém.*

Ao terminar, os catequizandos aproximam-se de **quem preside** e este impõe as mãos a cada um.

---

[1] No final do encontro, o grupo coloca-se em atitude de oração. Recomenda-se cantar ao Espírito Santo. RICA, n. 116, pp. 181-182.

*Capítulo 18*

# Estágio pastoral

## ACOLHIDA

Formamos um grupo de seguidores de Jesus Cristo. Ele é o nosso Mestre, somos seus discípulos. No evangelho de Lucas, Jesus, além de constituir o grupo dos doze apóstolos, escolheu outros 72 discípulos e enviou-os com a missão urgente de anunciar e estabelecer o Reino.

Quando encontramos algo muito bom para nós, não conseguimos nos calar, sentimos a necessidade de comunicá-lo aos outros. Assim se dá com a novidade do Reino. Começamos a perceber o mundo, as pessoas, as relações... de uma forma diferente, e por isso temos de contar a todos essa novidade.

## A Palavra de Deus

O Reino é desprendimento, não pode esperar. Por isso, nada é posto à sua frente (v. 4: não vos demoreis para saudar ninguém pelo caminho). Muitos sinais anunciam sua chegada transformadora: os doentes são curados, a paz é estabelecida, o juízo de Deus está iminente (imagem da colheita e daqueles que recebem ou não os mensageiros do Reino).

Ler: Lucas 10,1-11.

Seguir a Cristo é acolher e anunciar o Reino. Uma nova ordem social marcada pela justiça, pela honestidade nas relações, pela busca e construção do bem comum. Podemos fazer isso nas estruturas da Igreja, em sua organização. Na Igreja de Jesus, hoje, há muitos sinais da ação amorosa de Deus para com os mais sofredores. Os serviços e setores da Igreja que visam cuidar das pessoas e da evangelização chamam-se pastorais: é a ação dos pastores (como Jesus) que cuidam das ovelhas (as pessoas). Podemos procurar, na comunidade e na paróquia, pessoas que trabalham nas diversas pastorais: da Criança, da Saúde, da Terceira Idade, da Mulher Marginalizada, das Pessoas Encarceradas etc., e tentemos saber o que fazem para amar como Jesus amou.

Na sociedade há as organizações civis e governamentais que têm o objetivo de promover o bem comum. Atuam de acordo com as políticas básicas da saúde, da moradia, da criança e do adolescente, da educação, da família etc. Ao conhecer esses organismos civis e governamentais, é importante encontrar um campo de atuação, onde possamos colaborar com as nossas capacidades e aptidões.

O compromisso cristão com a fé nos faz lutar nesses campos como discípulos desinteressados de enriquecer-se, mas preocupados unicamente com a inclusão de milhões de irmãos ignorados pelos poderes públicos e pelo poder do capitalismo. Um outro mundo mais solidário, mais justo e mais fraterno é possível.

Vamos nos preparar para realizar um estágio de conhecimento das atividades realizadas em nossa comunidade e em alguns organismos de nossa cidade. A finalidade do estágio pastoral é apresentar a vitalidade da fé em Cristo, que convoca a todos para anunciar o nome do Senhor, ser Igreja e promover o bem comum.

Faz-se uma apresentação ampla das pastorais paroquial ou da comunidade e de alguns conselhos paritários como o CMDCA (Conselho Municipal de Direitos da Criança e do Adolescente), CMAS (Conselho Municipal de Assistência Social), ou dos outros muitos conselhos: do idoso, do patrimônio artístico-cultural, da moradia etc. Conforme a realidade local, há também movimentos sociais que valem a pena ser conhecidos.

A equipe coordenadora, em diálogo com o grupo, propõe a tarefa de observação e de acompanhamento dos grupos contatados. Cada membro receberá um roteiro orientador preparado pela equipe de animação catecumenal. Possivelmente, o estágio será realizado em duplas, de acordo com as preferências apontadas.[1]

## BÊNÇÃO DO ENVIO[2]

RICA, n. 119: Quem coordena o encontro estende as mãos em direção aos candidatos (colocam-se de joelhos) e diz:

*Oremos. Deus de infinita sabedoria, que chamastes o apóstolo Paulo para anunciar às nações o vosso Filho, nós vos imploramos em favor de vossos servos e servas, que desejam o santo batismo e daqueles que querem vivê-lo em plenitude: concedei-lhes imitar o apóstolo dos gentios, não cedendo à carne e ao sangue, mas abrindo-se à vossa graça. Penetrai e purificai o coração deles para que, livres de todo engano, esquecendo o que ficou atrás e voltando-se para as realidades futuras, considerem todas as coisas como perda comparadas ao bem supremo do conhecimento de Cristo, vosso Filho, e assim possam lucrá-lo para sempre. Por Cristo, nosso Senhor.*

**Todos:** *Amém.*

Ao terminar, os catequizandos aproximam-se de **quem preside** e este impõe as mãos sobre cada um.

---

[1] Sobre o roteiro orientador ver: *Caminho de fé*. Livro do catequista, pp. 43-44.

[2] No final do encontro, o grupo coloca-se em atitude de oração. Recomenda-se cantar ao Espírito Santo; cf. RICA, n. 118, p. 184.

*Capítulo 19*

# O memorial da Páscoa

(Para a celebração desse encontro os catecúmenos e crismandos deverão trazer gêneros alimentícios para serem doados. Combinar com alguns do grupo para lavar e ter seus pés lavados na celebração.)

### ACOLHIDA

Recordemos o encontro *Deus liberta seu povo* (Capítulo 12). Vimos o fato histórico dos judeus serem libertos da escravidão do Faraó e atravessarem o mar a pé enxuto. O sangue do cordeiro sacrificado foi utilizado para marcar as portas das casas dos judeus e, assim, afastou a ira do anjo exterminador; o sangue do cordeiro imolado também selou a aliança que Moisés estabeleceu com Deus em nome do povo eleito. O acontecimento da Páscoa no Primeiro Testamento foi ritualizado e até hoje os judeus o celebram a cada ano. Também Jesus celebrou a Páscoa, mas instituiu um novo significado para ela. Quem é novo Cordeiro que tira o pecado do mundo, que sela uma nova aliança entre Deus e a humanidade com seus braços abertos na cruz? Como ele ritualizou esse acontecimento?

## *A Palavra de Deus*

Proclamar: Lucas 22,14-20.

## A CEIA PASCAL

Jesus escolheu uma refeição para deixar-nos a maior prova de amor. Com o pão e o vinho ele selou uma aliança nova e eterna que celebramos em cada eucaristia. O que o texto diz sobre os sentimentos de Jesus nesta ceia? Antes de tomar o vinho Jesus faz uma ação que se repete antes de distribuir o pão; a quem ele se dirige nesta atitude? Jesus afirma que o pão e o vinho daquela ceia passavam a ter um outro significado. Ele pede para que se repita esse gesto ao longo dos tempos. O que significa uma aliança? Por que Jesus diz que aquele pão e aquele vinho são a Nova Aliança? Com quem se estabeleceu essa Aliança?

Jesus presidiu a ceia da Páscoa, iniciou declarando seu ardente desejo de estar com seus apóstolos naquela hora. Segundo o evangelho de Lucas nos informa, Jesus já percebia que muitos pretendiam matá-lo e que a hora estava chegando. Ele sabia que seria a última refeição que faria com todo o grupo reunido. Naquela Ceia serviram um cordeiro, como sempre os judeus fazem na ceia pascal. Quando olhou para aquele animal sacrificado para dar alimento e alegria para os convidados daquele jantar, ele certamente identificou-se com o Cordeiro Pascal. Jesus sabia que seria assassinado e que sua morte traria um novo sentido ao mundo, pois sua carne seria verdadeiro alimento para a vida dos seus seguidores.

Na Ceia que os judeus faziam, comemorava-se a saída da escravidão do Egito e a passagem pelo mar Vermelho. Celebrava-se a liberdade conquistada graças à ação de Deus. Em sua vida, Jesus festejou todos os anos essa ceia, com Maria, José, seus parentes e amigos. Nesse jantar celebrava-se com o cordeiro assado em brasas, com as ervas amargas para recordar as dificuldades no Egito; tomava-se muito vinho, comia-se muito pão sem fermento (pães ázimos), além de um doce feito com maçãs e nozes que lembrava a massa dos tijolos que os judeus foram forçados a fabricar na escravidão do Egito. A festa pascal recorda nesses sinais a dureza da vida antes da libertação e alegria da liberdade alcançada.

De todos os alimentos da ceia pascal, Jesus privilegiou o pão e o vinho. O pão era o alimento do cotidiano naquela cultura, como é também em muitas das nossas regiões. Outras vezes Jesus já nos alerta para o valor do pão, como no pai-nosso. Ele nos ensina a pedir o pão de cada dia, conseguido pelo trabalho honesto, repartido em família e com os necessitados e saboreado na paz. O simbolismo do pão é tão querido para Jesus, que ele mesmo se identifica com o Pão da Vida: "Eu sou o pão vivo que desceu do céu" (Jo 6,51). Jesus afirma na ceia que aquele pão é o seu próprio corpo dado por todos. Não disse que simboliza o seu corpo, afirmou que *é* o seu corpo! Ele se identifica com esse alimento de muitos povos que atravessa os tempos. Ele diz que é o pão que alimenta o ser humano no caminho para Deus. Quem come deste pão nunca mais terá fome. É o pão da eternidade!

Jesus valorizou também o vinho. Em Caná ele tinha transformado água em vinho de excelente qualidade. Nas festas de Israel o vinho não podia faltar, era sinal da alegria. Usar o cálice para dar o vinho simbolizava a gratidão do povo ao seu Deus. Por isso o cálice com vinho é oferecido ao Pai em ação de graças.

## ORAÇÃO

(Prepara-se toalha de mesa, bem como pão e vinho suficiente para todos partilharem. Algumas cadeiras, bacia, jarro com água e toalhas para o lava-pés).

Todos permanecem de pé em silêncio.

**Comentarista:** *Jesus celebra a ceia com seus apóstolos e antecipa nos sinais do pão e do vinho a profecia de sua morte na cruz. Sua morte é Páscoa, significa a intervenção do Pai, que salva a humanidade pelo amor de seu Filho levado às últimas conseqüências. O amor gerado na cruz é libertador, oblativo e desinteressado.*

Distantes da mesa, o leitor 1 e outro fazendo a parte de Jesus proclamam o Evangelho.

*Proclamação de Lc 22,7-13 (Ide fazer os preparativos para comermos a ceia pascal).*

Após a leitura, duas pessoas se dirigem à mesa com as toalhas e a preparam colocando o pão e o vinho. Recomenda-se cantar: *Eu quis comer esta ceia agora, pois vou morrer já chegou minha hora. Comei, tomai é meu corpo e meu sangue que dou, vivei no amor, eu vou preparar a ceia na casa do Pai.* Ou outro canto com essa temática.

**Comentarista:** O *pão e o vinho partilhados serão os sacramentos da vida doada de Jesus como serviço de amor, de solidariedade para a união dos seres humanos. Praticamos o Evangelho somente quando há entrega, doação de nossa parte. Por isso, existe correspondência entre celebrar a eucaristia, doar a própria vida e servir a comunidade desinteressadamente. Eis aí a lição do lava-pés.*

O leitor 3 faz a parte de Pedro, e o Leitor 4 , a de Jesus: Jo 13,1-17 ("Se eu, o Senhor e Mestre, vos lavei os pés, também vós deveis lavar os pés uns aos outros").

O comentarista dá seqüência ao lava-pés com aqueles que foram previamente orientados e preparados. Todos cantam.

O comentarista convida para a oração do pai-nosso.

Antes de partir o pão e distribuir o vinho, convidar os participantes a trazerem os alimentos, que serão doados, para um lado da mesa.

Todos comem o pão e recebem o vinho, enquanto cantam um canto apropriado sobre a caridade.

## BÊNÇÃO FINAL

**Presidente:** *Deus Pai te dê a sua bênção.*
**Todos:** *Amém.*
**Presidente:** *Deus Filho te conceda saúde.*
**Todos:** *Amém.*
**Presidente:** *Deus Espírito te ilumine e console.*

**Todos:** *Amém.*

**Presidente:** *Guarde tua vida e encha de luz teu coração, agora e sempre.*

**Todos:** *Amém.*

**Presidente:** *Que o Deus de toda consolação derrame sobre todas as pessoas aqui presentes a sua bênção e a sua paz.*

**Todos:** *Amém.*

*Capítulo 20*

# Cruz e morte de Jesus

## ACOLHIDA

Não precisamos fazer muito esforço para percebermos as conseqüências da exclusão social, o satanismo da corrupção na máquina política, a dívida externa causadora do eterno empobrecimento dos países do sul do planeta.

Na contra-mão desse modo de ser e de agir, temos aqueles cristãos que assumiram a cruz de Cristo, como serviço de amor pela comunidade, a ponto de terem seu sangue derramado em conseqüência da luta que empreenderam em favor dos pobres e dos indefesos; são os mártires de nossa caminhada.

Lembremo-nos de dom Oscar Romero, bispo de El Salvador, na Nicarágua, e da irmã Dorothy Stang, que lutava pela defesa da floresta e dos pobres agricultores no estado do Pará. Também em nossa comunidade há pessoas devotadas ao serviço do Evangelho em favor dos pobres. Essas pessoas colocam seus interesses próprios em último lugar.

Somente a doação total de Cristo na cruz explica a força do testemunho desses mártires. Igualmente, Jesus entrou em conflito com a sociedade de seu tempo e lutou para defender que o ser humano se tornasse livre da vaidade e do orgulho humano que levam à escravidão e à morte.

## PRÁTICA DE JESUS CRISTO

Jesus de Nazaré proclama e inaugura o Reino de Deus. Revela um Deus que não age mediante a Lei, e não respeita as distinções e separações da Lei, mas atua por amor e pela graça.

Para esse anúncio Jesus não tem a cobertura das tradições, instituições ou poderes. Ele é um homem livre, mas indefeso. Sua palavra é confirmada pela sua prática. Suas atitudes não são aceitas nas concepções israelitas como um rabino ou como um profeta. Sua cruz não é compreensível sem este conflito com a Lei, com seus representantes. Trata-se de um conflito em torno da verdadeira vontade de Deus.

A obediência de Jesus ao Pai está acima de sua vontade e acima do seu bem-estar. No jardim das Oliveiras Jesus nos ensina a rezar. Não basta pedir ao Pai o que desejamos; é preciso saber escutar o que o Pai quer de nós. É por isso que Jesus não se afasta do cálice do sofrimento e transforma sua dor em amor fiel ao Pai. Jesus levanta seu rosto da terra, terminada sua oração, e corajosamente acolhe a Paixão reconfortado pelo Pai.

Jesus não era cidadão romano, não tinha nenhum título, não fez nenhum curso, não estudou em Jerusalém, não tirou diploma. Em sua apresentação no templo, seus pais ofereceram a oferta dos pobres: duas pombinhas. Não era sacerdote, não era levita, nem fariseu, não era escriba, nem zelote, nem publicano, nem essênio, nem saduceu.

Nisso tudo o Pai nos revela a sua preferência. Jesus permanece fiel ao Pai, ao lado dos mais fracos até a sua morte, e morte, na cruz. "Eis-me aqui para fazer a tua vontade" (cf. Hb 10,7-9). Jesus assumiu a obediência, mas não foi fácil. Sofreu e foi tentado para entrar por outros caminhos (cf. Mt 4,1.11; Mc 8,33). Teve de aprender o que é obediência (cf. Hb 5,8), mas venceu através da oração (cf. Hb 5,7 e Lc 22,41-46). Jesus nunca buscou uma saída individual, nunca buscou privilégios para si. Jesus foi sempre obediente ao Pai (cf. Fl 2,8).

Jesus foi levado para as autoridades religiosas judaicas. Elas o acusavam de ser um blasfemador, pois ele dizia ser o Filho de Deus. Ora, um carpinteiro pobre de Nazaré, seguido por pescadores, cobradores de impostos, mulheres e doentes, não poderia ser aceito como o Filho do Deus revelado no Antigo Testamento. Ele valorizava mais o ser humano do que o sábado. Ele tomava refeição sem cumprir o ritual judaico de lavar as mãos; ele conversava com mulheres. Tudo isso escandalizava os piedosos seguidores da religião. E, devido à sua influência sobre a população, especialmente os pobres, pensavam em eliminar aquele nazareno inoportuno. As leis judaicas, entretanto, não podiam matar Jesus. Não encontraram nele motivo para tal penalidade.

Determinados pontos do ensinamento de Jesus abalaram algumas verdades consideradas como absolutas para o Israel: a submissão à lei na integralidade dos preceitos (Jesus quebra o rigorismo do sábado, fala com a samaritana e perdoa os pecadores); a centralidade do Templo de Jerusalém como lugar santo em que Deus habita de uma forma privilegiada (Jesus fala em destruir o templo e reerguê-lo, expulsa os vendilhões e tira essa restrição da presença de Deus a um local); a fé no Deus único, cuja glória nenhum homem pode compartilhar (Jesus é o Filho de Deus, chama-o de Pai: *Abba*). É considerado um blasfemo, portanto. Após ser traído, foi entregue aos tribunais do Império e do Sinédrio.

## PADECEU SOB PÔNCIO PILATOS

Durante toda a sua vida Jesus viveu sem se corromper pelas falsas propostas de seu tempo a respeito do Messias e da religião, bem como do poder. Essa fidelidade lhe custou um preço: o de ser profeta, proclamar os erros, denunciar a injustiça e anunciar a Boa-Nova. Tudo isso desagradou o poder político reinante na época e a religião judaica. Constantemente encontramos Jesus Cristo em conflito com fariseus, saduceus e outros poderosos. As armadilhas que fizeram contra Jesus não foram poucas. Saduceus, herodianos, escribas e fariseus combinaram-se para matá-lo.

## O *subversivo: Jesus e o poder romano*

Jesus foi crucificado em nome do poder romano. Segundo o direito romano, a crucificação era a pena que se aplicava aos escravos desertores e aos subversivos contra o Império. A crucificação era uma pena política aplicada àqueles que se revoltavam contra a ordem social e política do Império Romano.

O "blasfemo" é denominado como terrorista e sedutor do povo, como subversivo e um perigo público. É condenado à cruz: "o rei dos judeus". Enquanto crucificação por parte dos romanos, a morte de Jesus adquire uma dimensão política.

Jesus proclama o direito da graça, a nova justiça de Deus que quebra as barreiras que dividem os homens. O Reino de Jesus não é deste mundo quanto à sua origem e ao seu fundamento. Vem, porém, a este mundo, a esta sociedade. Jesus antecipa a justiça da graça e não a justiça do castigo; anuncia que o Reino de Deus é uma festa de libertação e não o pranto da opressão.

Para fariseus e zelotes, Jesus é um traidor da causa sagrada de Israel. Os romanos o concebem como um perigo para a paz romana. Há somente um consenso: matar Jesus. Para uns ele era demasiado pacifista; para outros, revolucionário. Ele agita a ordem pública; é considerado um perturbador. O livre e indefeso Jesus de Nazaré era muito perigoso para o poder religioso e político de então.

## FOI CRUCIFICADO

A cruz não surgiu repentinamente na vida de Jesus de Nazaré. A cruz é conseqüência de uma opção radical pelo Pai e pelo Reino que causou incompreensões e perseguição. Jesus é fiel ao Pai, por isso é fiel aos pobres e aos pecadores, que o Pai ama e quer resgatar. Nesse sentido, Jesus é solidário à sorte de tantos que sofrem como ele, injustamente, e são inocentes. Jesus morreu por eles.

Se a cruz é conseqüência de uma atitude mais fundamental de Jesus, então a espiritualidade da cruz não é simplesmente aceitação da tristeza e da dor. Anterior à cruz está a encarnação. A cruz é o fim de um processo, tem um porquê. Ainda que não se resolvam as questões sobre o sofrimento humano inocente nem sobre a falta da intervenção de Deus, permanece o desafio de seguir Jesus, na fidelidade ao Pai, até o fim: "Amando os seus que estavam no mundo, amou-os até o fim" (Jo 13,1).

## MORTO E SEPULTADO, DESCEU À MANSÃO DOS MORTOS

Jesus morreu na cruz abandonado, sentiu a angústia de não compreender o porquê de tudo aquilo. Sabia que era conseqüência de sua vida, mas sentia-se abandonado: "Meu Deus, por que me abandonaste?" é a frase do salmista que sai da boca de Jesus. É a solidariedade de Jesus com a natureza humana diante da morte. Sentimento de aflição e tristeza. Mas suas últimas palavras são o testamento final de sua vida: "Pai, em tuas mãos entrego o meu espírito". Num gesto de entrega total, a cruz foi o maior ato de amor de Jesus ao Pai e aos seus irmãos. Numa fidelidade infinita, Jesus morre, aparentemente fracassado, insistindo em manifestar seu amor. Jesus morre confirmando suas palavras: não existe maior amor do que dar a vida por seus irmãos.

Jesus foi sepultado conforme o costume da época, num túmulo cedido por José de Arimatéia. A expressão "desceu à mansão dos mortos" designa que Jesus morreu de fato, e a expressão do judeu para falar do lugar dos mortos diz respeito a essa mansão, que situava-se abaixo da terra.

Foi verdadeiramente o Filho de Deus feito homem que morreu e que foi sepultado. Por isso Jesus dá um novo caráter à nossa morte.

## *Principais passos da Paixão de Jesus*

Jesus de Nazaré não morreu, mataram-no. Não morreu de morte natural, sofreu um processo, foi condenado e executado. Foi uma morte provocada pela reação que suscitaram sua vida e suas atitudes.

A história da Paixão de Jesus não teve início com a sua captura e as torturas dos soldados romanos. Começou no mesmo instante em que Jesus decidiu dirigir-se para Jerusalém com seus discípulos. O seu desejo pelo Reino de Deus, demonstrado na pregação, nas curas e na comunhão com pobres, doentes e pecadores, chocou Jerusalém com a resistência dos sacerdotes de seu povo e das tropas de ocupação romana.

## ORAÇÃO

(Sobre uma mesa prepara-se uma cruz de madeira ou um crucifixo. Pôr algum tecido de cor vermelha lembrando a Paixão do Senhor.)

**Comentarista:** *Mas como podemos compreender a morte de Cristo, tão violenta, na cruz? O que implica isso na vida cristã? Na iniciação, que vamos celebrar na Vigília Pascal, recebemos os sacramentos pascais e igualmente passamos da morte à vida com Cristo.*

**Leitor 1:** *Entendemos a cruz como a máxima radicalização da luta empreendida por Cristo contra a vaidade e a mentira desse mundo. Cristo apresenta a solução contra as armadilhas do tentador, inaugura o Reino de justiça e de fraternidade, acolhe o órfão, a viúva e o estrangeiro. Seu Reino está marcado pelos gestos: os coxos andam, os cegos vêem, os mudos falam* (cf. Lc 4,18; Mt 15,29).

**Leitor 2:** *Cristo dá a solução do drama humano. O amor é mais forte que a violência do mal. Seu amor é plena doação de si, é serviço de defesa da vida. "Se eu, o Senhor e Mestre, vos lavei os pés, também vós deveis lavar os pés uns aos outros. Dei-vos o exemplo, para que façais assim como eu fiz para vós"* (Jo 13,14). *O amor é levado às últimas consequências: "Ninguém tem maior amor do que aquele que dá a sua vida"* (Jo 15,13). *"Quem quiser ganhar a sua vida vai perdê-la, e quem quiser perdê-la vai ganhá-la"* (Mt 16,25).

**Leitor 3:** *O cristão foi associado à cruz de Cristo, que se ergue como o máximo sinal de contradição no mundo, é o amor–serviço– doação de vida levado às últimas consequências. "Tendo amado os seus que estavam no mundo, amou-os até o fim"* (Jo 13,1). *"Isto é o meu corpo que é dado por vós [...]. Este cálice é a nova aliança no meu sangue, que é derramado por vós"* (Lc 22,19-20).

**Leitor 4:** *Pelo batismo assumimos a mesma missão de Cristo,* *porque nos tornamos seus discípulos e nele fomos incorporados. Viver esse amor oblativo é a identidade do cristão que foi mergulhado na imensidão do amor de Cristo para servir e amar pela vida afora.*

**Comentarista:** *Recordemos aqueles cristãos que deram a vida pelo bem do povo a exemplo de Cristo; são os mártires da nossa caminhada de fé rumo à casa do Pai na luta contra as trevas deste mundo.*

(Todos se põem de joelhos diante da cruz, permanecem em silêncio. Se for conveniente, pode-se fazer um pequeno exame de consciência, com a invocação: *Senhor, tende piedade de nós.* Em seguida, a cruz é oferecida para ser beijada, enquanto se canta: *Vitória, tu reinarás...* ou outro canto apropriado.)

*Capítulo 21*

# A ressurreição de Jesus

## ACOLHIDA

A ressurreição de Jesus Cristo não é um fato que aconteceu há quase dois mil anos e que já passou. Ela é uma ação permanente de Deus. Essa ação de Deus, que ressuscita Jesus, é comparável à sua ação criadora: Jesus, a cada momento, ouve a voz de Deus que o chama à vida (cf. Jo 6,57). Faltando essa voz divina, que culmina na ressurreição, a fé deixaria de ter sentido. Deus, porém, é fiel. Ele não frustra e jamais vai deixar de chamar Jesus à vida. Essa é uma convicção de fé.

A fé na ressurreição nasce da palavra amiga que Deus pronuncia a favor do ser humano. Ressuscitando Jesus dos mortos, Deus concretizou a sua boa vontade para com a humanidade, afirmando a sua fidelidade. Assim como fez ao libertar o povo do Egito, estabelecendo com ele uma aliança, assim Deus, através da ressurreição de Jesus, estabelece uma "nova e eterna aliança" com os homens.

A fé na ressurreição é a condição para se falar da vida que dela nasce. Assim acontecia com os primeiros cristãos. Eles não se preocupavam em saber o que foi que aconteceu exatamente no domingo de Páscoa. Não se incomodavam em provar, estudar ou defender a ressurreição. Ela era a luz que os fazia ver a vida. Era assim como o sol, quando está no alto do céu. Ninguém se preocupa em provar ou defender a sua existência. Preocupa-se, sim, em aproveitar da sua luz e do seu calor.

O ponto alto da fé, na ressurreição, não está no passado, nem no futuro, mas no presente. Ela alicerça firmemente o ser humano, mas, ao mesmo tempo, o agita num inconformismo radical com a situação do mundo atual: inconformismo que não consegue aceitar um mundo onde existe instalado o poder da morte.

## A Palavra de Deus

Proclamar: Marcos 16,1-14.

O que muda a vida das pessoas naqueles dias não é ver um túmulo vazio ou ouvir o testemunho comovente de quem se encontrou com o Ressuscitado. Somente o encontro pessoal com Jesus Vivo e Vencedor é que os tornam divulgadores dessa Boa-Nova. Hoje, nós cremos no testemunho dos apóstolos que tiveram a sorte de ver Jesus ressuscitado. Muitos de nós não cremos porque não vimos o Ressuscitado. O que diria Jesus? (v. 14). "Se Cristo não ressuscitou, vazia é a nossa pregação, vazia é também a vossa fé" (1Cor 15,14).

No terceiro dia após a morte de Jesus, aqueles homens tiveram a experiência certa e inconfundível de que Jesus estava vivo (cf. Lc 24,5.34). Era ele mesmo, o mesmo Jesus, com o qual tinham convivido durante três anos. Este Cristo, vitorioso sobre a morte, estava agora com eles. Uma nova esperança nasceu. Uma nova força entrou na vida deles: a força de Deus que conseguia tirar a vida da morte (cf. Ef 1,19-20). Força ligada à pessoa viva de Jesus Cristo, invisível em si mesma, mas visível nos seus efeitos. As forças da morte foram derrotadas. Nada mais podia amedrontá-los: os romanos, os fariseus, os judeus, a tortura, a prisão, a morte. A vida não morria mais (cf. 1Cor 15,54-58). Assim, podiam resistir, não se conformar com a situação e agir para transformá-la.

O mistério da ressurreição de Cristo é um acontecimento real que teve manifestações historicamente constatadas pelo Novo Testamento. No conjunto dos acontecimentos da Páscoa o primeiro elemento com que se depara é o sepulcro vazio. Ele não constitui uma prova direta. A ausência do corpo de Cristo no túmulo poderia ser explicada de outra forma. O segundo elemento são as aparições do Ressuscitado. Maria de Magdala e as santas mulheres foram as primeiras mensageiras da ressurreição.

Após virem o Senhor, ele apareceu a Pedro, aos apóstolos, aos discípulos e a muitos.

O terceiro elemento, determinante para provar a ressurreição, é a presença de testemunhas. O Ressuscitado aparece de diferentes formas e aparências. Ele come com eles, manifestando que não é um fantasma. Ele perpassa as paredes, manifestando que é transcendente. Ninguém foi testemunha ocular da ressurreição, somente do Ressuscitado.

Todos são unânimes em relatar que viram Jesus morto como "o Vivo". Não afirmam que ele tenha retomado a esta vida, mas que ele vive na glória de Deus e se manifestou em suas vidas. Eles tinham visões de uma luz sobrenatural. As experiências de Cristo a que os relatos pascais se referem provocam a transformação da existência. Elas transformaram os discípulos medrosos, refugiados na Galiléia, em audazes apóstolos que regressam a Jerusalém e arriscam a própria vida para anunciar o Cristo.

## O QUE É RESSURREIÇÃO?

A fé pascal jamais poderá sustentar que o Jesus morto tenha retornado a uma vida que conduz à morte novamente. O símbolo da ressurreição dos mortos pretende exprimir uma vida qualitativamente nova, que não conhece mais a morte e que não pode ser nem mesmo o prosseguimento desta vida mortal. Paulo afirma que "Cristo ressuscitado dos mortos não morre mais" (Rm 6,9).

Ressurreição significa vida para os mortos e está sempre ligada ao acontecimento da destruição do poder da morte. "Ressurreição dos mortos" exclui os conceitos ligados a uma vida depois da morte, da qual falam muitas religiões, sustentando a transmigração das almas. A ressurreição é totalmente contrária à reencarnação e a todas as teorias que pensam na repetição desta vida numa outra dimensão. A vida da ressurreição não é um continuar a viver depois da morte, na alma ou no espírito, nos filhos ou na fama das ações que fizemos, mas significa derrota da morte na vitória da vida nova, eterna (cf. 1Cor 15,55). A ressurreição tem um caráter totalmente novo, surpreendente e inédito.

# *Aleluia*

A cada ano, quando atingimos o cume da montanha pascal, na Vigília Pascal, ressoa novamente uma palavra que desde a Quarta-feira de Cinzas emudecera e que agora, mais uma vez, nos acompanha ao longo de todo o ano litúrgico. Trata-se do *aleluia*. É uma palavra hebraica que a Igreja conservou sem tradução, um grito de júbilo proveniente dos salmos e que significa algo como "Louvai o Senhor!".

Todavia, com essa tradução ainda não se esclarece por que a Igreja escolheu e conservou como expressão de sua alegria pascal esta palavra do vocabulário da oração hebraica, que soa de forma incompreensível aos ouvidos de seus filhos dos séculos posteriores. Talvez ela queira dizer que as palavras humanas compreensíveis não conseguem expressar aquilo que celebramos na Páscoa, o mistério de nossa salvação.

Ante a visão do sol que se levantou acima da escuridão e da frieza de nossa Sexta-feira da Paixão, falham todas as palavras do nosso vocabulário. Resta-nos apenas o admirado e jubiloso aleluia. Cristo, "nosso verdadeiro Sol da manhã", ressurgiu da escuridão do túmulo: virá o momento em que também em nossos vales, onde ainda é Sexta-feira da Paixão, tudo será iluminado e aquecido.[1]

---

[1] Resumo de: FISCHER, Balthasar. *Sinais, palavras e gestos na liturgia*; da aparência ao coração. São Paulo, Paulinas, 2003. pp. 60-61 (Coleção celebrar).

# ORAÇÃO[2]

(Em dois coros. Se possível, cada um recebe uma vela acesa.)

**Lado A:** *Aleluia! O Senhor ressuscitou, aleluia!*
*Ele vive com a gente, aleluia, aleluia!*

**Lado B:** *Aleluia! O Senhor ressuscitou, aleluia!*
*Ele vive com a gente, aleluia, aleluia!*

**Lado A:** *Aleluia! Eis a pedra removida, aleluia!*
*O sepulcro está vazio! Aleluia, aleluia!*

**Lado B:** *Aleluia! A quem procuras, ó Maria? Aleluia!*
*O teu Senhor não está morto! Aleluia, aleluia!*

**Lado A:** *O Senhor ressuscitou, aleluia!*
*Ele vive com a gente, aleluia, aleluia!*

**Comentarista:** *No brilho do sol da justiça, que ressurgiu*
*para nós, bendigamos ao Senhor.*

**Todos:** *Cristo, nossa Páscoa, nós te louvamos!*

**Lado A:** *Senhor, fizeste de nós um povo de sacerdotes,*
*dá-nos celebrar com alegria o teu louvor.*

**Lado B:** *Senhor, venceste a morte por tua ressurreição,*
*dá-nos muita força na luta contra*
*toda a maldade deste mundo.*

**Lado A:** *Cristo, luz que resplandece nas trevas,*
*ilumina a nossa vida e guia-nos em teus caminhos.*
*Pai-nosso...*

# BÊNÇÃO[3]

RICA, n. 119: Quem coordena o encontro estende as mãos em direção aos candidatos (colocam-se de joelhos) e diz:

---

[2] *Ofício Divino das Comunidades.* 11. ed. São Paulo, Paulus, 1994. pp. 567-568

[3] RICA, n. 124.2, p. 187.

*Oremos. Ó Deus, Senhor do universo, que, por vosso Filho unigênito, derrubastes o demônio e, rompendo suas cadeias, libertastes os homens e as mulheres cativos, nós vos damos graças pelos catecúmenos que chamastes; confirmai-os na fé, a fim de vos conhecerem, único Deus verdadeiro, e Jesus Cristo, que enviastes; conservem a pureza do coração e cresçam em virtude para serem dignos das águas do batismo e dos sacramentos da confirmação e da eucaristia. Por Cristo, nosso Senhor.*

**Todos:** *Amém.*

Ao terminar, os catequizandos aproximam-se de **quem preside** e este impõe as mãos a cada um.

_Capítulo 22_

# Creio no Espírito Santo

### ACOLHIDA

Na vida percebemos a existência de coisas que não vemos. O perfume existe? Nós o vemos? Mas como percebemos sua existência? Há, portanto, muitas maneiras de acessar a verdade, não somente com os olhos, com o tato ou ouvido ou o olfato. Há realidades presentes que não captamos com os sentidos.

É com esse sentido que compreendemos a ação do Espírito Santo, a terceira pessoa da divina Trindade. Ele é comparado ao vento, à brisa suave, ao fogo, ao calor. São imagens que tentam nos ajudar a entender que o Espírito está sempre presente em nossa história. Embora não o enxerguemos, somos capazes de sentir sua ação perfumada, seu fogo abrasador no coração, seus movimentos que levam a humanidade a encontrar a paz, sua força viva.

### CREIO NO ESPÍRITO SANTO

O Espírito é o _ruah_, o vento impetuoso, a brisa suave, o fogo, a água viva que habita no coração humano. No Espírito, Deus sai de si para criar o outro e vivificá-lo com a força do seu amor. No Espírito, Deus reúne em si tudo o que está longe dele. O Espírito abre o coração do Deus Trinitário ao mundo da humanidade até tornar possível o ingresso do Filho no exílio dos pecadores e unifica o que está dividido, até a suprema reconciliação pascal. Pela sabedoria do Oriente, o Espírito é o "êxtase de Deus", aquele no qual o Pai e o Filho saem de si, numa adoração total de amor.

O Espírito está presente na ação salvadora de Deus:

- *Na criação*: o Espírito pairava sobre as águas (o vento de Deus), ato criador.
- *Nos profetas*: com a força do Espírito profetizaram. O Espírito do Senhor repousa sobre eles.
- *Na encarnação*: o Espírito de Deus cobrirá Maria com sua sombra. Porque para Deus nada é impossível.

## *Missão do Espírito*

No evangelho de João, Jesus prometeu várias vezes o Espírito, sob o símbolo da água, com Nicodemos: "Se alguém não nascer da água e do Espírito, não poderá entrar no Reino de Deus" (Jo 3,5). À samaritana promete a água viva e afirma: "Quem beber da água que eu darei nunca mais terá sede, porque a água que eu darei se tornará nele uma fonte de água jorrando para a vida eterna" (Jo 4,14).

No último dia da Festa das Tendas diz: "Se alguém tem sede, venha a mim, e beba quem crê em mim, do seu interior correrão rios de água viva" (Jo 7,37-38). Todas essas promessas culminam quando ele é levantado da terra e atrai tudo para si. Inclinando a cabeça, entregou o espírito (cf. Jo 19,30). Pendente na cruz, de seu lado aberto pelo soldado jorraram sangue e água (cf. Jo 19,34). O Espírito que havia prometido é amplamente derramado, porque somente ele, o Messias, o possui em plenitude.

Ao anoitecer do primeiro dia da semana, Jesus soprou sobre os apóstolos e falou: "Recebei o Espírito Santo" (Jo 20,22); esse é o princípio da vida nova inaugurada pela Páscoa que recria o ser humano. Assim como na primeira criação Deus soprou sobre o barro para criar o ser humano, agora Cristo leva a humanidade à perfeição com o mistério de sua Páscoa.

Jesus Cristo, depois da ascensão, volta para junto do Pai. O Espírito Santo tem a missão de continuar no mundo a missão de Cristo, pois Cristo no-lo deu como penhor de sua ressurreição. Jesus vai para junto do Pai, mas não nos deixa órfãos (cf. Jo

14,18): dá-nos um Defensor que fica para sempre conosco (cf. v. 16), ele nos ensina tudo e nos recorda tudo o que Cristo disse (cf. v. 26). O Espírito Paráclito é o Consolador, o Advogado.

A efusão do Espírito inaugura os tempos da Igreja (cf. At 2,1-12). É o Espírito que atua na Igreja e faz que sua missão e o seu culto litúrgico sejam continuadores dos atos salvíficos de Cristo neste mundo, quando ele curou os doentes, perdoou os pecadores, chamou os apóstolos, mandou que seus discípulos batizassem, participou das bodas em Caná, abençoou as crianças, saciou a fome da multidão etc. Em sua ação no mundo, a Igreja manifesta o mistério do qual é portadora: o Espírito do Ressuscitado. Por isso, cada celebração sacramental confere a graça própria do Espírito; do contrário seríamos apenas ritualistas.

Na Ascensão, diz Jesus: "Recebereis o poder do Espírito Santo que virá sobre vós, para serdes minhas testemunhas [...] até os confins da terra" (At 1,8). Somente na força do dom do Espírito somos capazes de viver as bem-aventuranças de Cristo, de sermos audaciosas testemunhas do seu amor pela justiça, pela solidariedade e defesa dos marginalizados de todos os tempos.

### Símbolos do Espírito Santo

O Espírito Santo não pode ser visto, mas atua na história da humanidade. Para ajudar o entendimento da terceira pessoa divina na catequese e na liturgia, desde os tempos antigos representa-se o Espírito com símbolos e sinais que recordam sua missão.

- *Pomba* – animal manso e pacífico que representa a vida, pois quando Noé soltou a pomba da arca, ela retornou com um ramo de oliveira no bico indicando que o dilúvio havia passado e as águas estavam baixando. Começava uma vida nova para a humanidade, lavados os pecados pela água. No batismo de Jesus, João "viu o espírito de Deus descer, como uma pomba, e vir sobre ele" (Mt 3,16). O Espírito é aquele que renova a face da terra, traz vida nova, vence o pecado e abre os caminhos da paz.

- *Fogo* – o seu poder de aquecer no frio e de purificar, além de iluminar, tornam-no associado ao Espírito Santo. Ele aquece, purifica e ilumina a humanidade para ser fiel ao Pai de Jesus. Por isso, também, a cor litúrgica do Espírito é o vermelho, para recordar esse fogo abrasador que habita o coração humano. No dia de Pentecostes ele foi representado como línguas de fogo que desceram sobre os apóstolos dando-lhes nova vida (cf. At 2,1-12).

- *Vento* – por soprar e ninguém ver, por ser surpreendente e ser tanto forte quanto suave, o vento está associado ao Espírito. O Paráclito sopra onde e quando quer; esse vento que passa e destrói o mal areja a vida e muda a face da terra (cf. Jo 20,22).

- *Água* – sinal maior da vida, representa a ação do Espírito que sustenta, sacia, irriga o que está seco, devolve a vida, lava, fortalece e anima.

- *Óleo* – é um símbolo utilizado no batismo e na confirmação, mas também nas ordenações e no sacramento dos doentes. Pelo batismo e pela confirmação somos marcados por um gesto de unção com o óleo perfumado chamado *crisma*. As palavras "cristo" e "crisma" têm a mesma raiz. É "cristo" (sinônimo de Messias) aquele que recebeu a unção do óleo.[1] Pela unção o batizado é "cristificado", feito à imagem de Cristo, "Messias crucificado" (1Cor 1,23). Os óleos santos são símbolo de todos os dons do Espírito Santo.[2]

Segundo a visão bíblica, o óleo simboliza a força do Espírito que purifica, prepara para a luta contra o demônio e cura os efeitos do pecado. O chamado "óleo dos catecúmenos" é abençoado para que imprima naqueles que serão batizados a força, a sabedoria e as virtudes divinas, para que sigam o caminho do Evangelho de Jesus e tornem-se generosos no serviço do Reino.

---

[1] Jesus foi ungido no seu batismo no rio Jordão com o Espírito Santo.

[2] Para o óleo, resumo cf. SCOUARNEC, Michel. *Símbolos cristãos*; os sacramentos como gestos humanos. São Paulo, Paulinas, 2004. pp. 52-53.

## Unção dos Catecúmenos

O rito da unção é um sinal da ação com que Deus conduz à fé o batizando; um sinal de estreito relacionamento com a escuta da Palavra e a conversão interior. A unção com o óleo é realizada no peito, ou em ambas as mãos, ou ainda em outras partes do corpo, conforme a sensibilidade da cultura local, o que evidencia ainda mais a realidade de força divina que deverá tomar conta inteiramente do candidato, preparando-o para a luta.[3] Deverá aderir a Cristo na fé e no mistério do banho batismal, terá de lutar com Satanás, ser ágil na luta, como o mesmo Senhor o foi uma vez para sempre na vitória pascal. Morrerá com Cristo para o pecado e, assim, ressurgirá participando de sua vitória.

Os Padres da Igreja vêem nos gestos litúrgicos a concentração da realidade que acontece ao longo de toda a vida cristã. A preparação para o embate do catecúmeno contra o tentador mostra a condição de contínua luta ao longo de toda a vida cristã contra uma mentalidade oposta àquela de Cristo.

> RICA, n. 127. Se parecer conveniente que os catecúmenos recebam a primeira unção, seja ministrada por um sacerdote ou diácono.
>
> 128. A unção no fim da celebração da Palavra de Deus é dada a todos os catecúmenos. Por motivos especiais pode ser conferida a cada um em particular. Se for oportuno, podem-se ungir várias vezes os catecúmenos.
>
> 129. Use-se nesse rito o óleo dos catecúmenos bento pelo Bispo na missa do crisma ou, por razões pastorais, pelo sacerdote, imediatamente antes da unção.

## *Celebração da Palavra*

Sugerimos os seguintes textos: Rm 8,5-11; Sl 30; 31; Mc 1,12-15; Mt 12,22-32.

---

[3] Cf. idem, ibidem.

# RITO DA UNÇÃO

130. Apresenta-se a todos o recipiente com o óleo, e, em seguida, **quem preside** reza a seguinte ação de graças:

*Bendito sejais vós, Senhor Deus, porque, no vosso imenso amor, criastes o mundo para nossa habitação.*

**Todos:** *Bendito seja Deus para sempre!*

**Quem preside:** *Bendito sejais vós, Senhor Deus, porque criastes a oliveira, cujos ramos anunciaram o final do dilúvio e o surgimento de uma nova humanidade.*

**Todos:** *Bendito seja Deus para sempre!*

**Quem preside:** *Bendito sejais vós, Senhor Deus, porque, através do óleo, fruto da oliveira, fortaleceis vosso povo para o combate da fé.*

**Todos:** *Bendito seja Deus para sempre!*

**Quem preside:** *Ó Deus, proteção de vosso povo, que fizestes do óleo, vossa criatura, um sinal de fortaleza: (se o óleo não estiver bento e quem preside for sacerdote, diz: abençoai ✠ este óleo e) concedei a estes catecúmenos a força, a sabedoria e as virtudes divinas, para que sigam o caminho do Evangelho de Jesus, tornem-se generosos no serviço do reino e, dignos da adoção filial, alegrem-se por terem renascido e viverem em vossa Igreja. Por Cristo, nosso Senhor.*

**Todos:** *Amém.*

132. **Quem preside** diz:

*O Cristo Salvador lhes dê a sua força simbolizada por este óleo da salvação. Com ele os ungimos no mesmo Cristo, Senhor nosso, que vive e reina para sempre.*

**Os catecúmenos:** *Amém.*

Cada um é ungido com o óleo dos catecúmenos no peito ou em ambas as mãos ou ainda em outras partes do corpo, se parecer oportuno. Se os catecúmenos forem muitos, podem-se admitir vários ministros.

Quem preside conclui com a bênção final.

# Creio na Igreja

*Capítulo 23*

## ACOLHIDA

Quando um jornal fala da posição da Igreja sobre determinado assunto, a quem se refere? Se alguém critica a Igreja, o que essa pessoa tem em mente ao referir-se à Igreja? Será que concebemos a Igreja em sua dupla dimensão: humana e divina?

*Humana* – porque formada por nós, que caminhamos nas estradas da vida entre acertos e quedas. Somos um povo formado de santos e pecadores. Somos a família de Deus, o seu rebanho. Somos o corpo de Cristo, a Igreja.

*Divina* – porque a Cabeça da Igreja é Cristo, nosso Deus. Ele é perfeito, e distribui dons e carismas para que a Igreja cresça no amor e no serviço à humanidade. Ele deseja que a Igreja seja sal da terra e luz do mundo. Ele cuida de todo o rebanho e de cada ovelha, principalmente daquelas que são perseguidas por causa do seu nome.

Nesta Igreja humano-divina, há pessoas que exercem diferentes funções e cargos para o bem de todos. Cada membro da Igreja, na sua função, deve fazer de tudo para ajudar o corpo de Cristo a viver unido e na verdade. Desde o Papa, que é o sucessor do apóstolo Pedro, até os recém-batizados, todos formamos a Igreja de Cristo.

Será que as pessoas percebem o lado divino da Igreja unido ao humano?

A própria Igreja admite que erra e precisa corrigir-se constantemente. Foi assim que o papa João Paulo II em 2000 pediu perdão pelos erros passados que feriram a verdade e a paz.

Recordemos da Inquisição, das Cruzadas, da Intolerância. Pedir perdão é reconhecer que podemos mudar e caminhar na verdade. Mas, apesar desses erros, a Igreja continua viva e forte. Mesmo que muitos apontem a queda do número de católicos no mundo, assiste-se, por outro lado, a uma crescente adesão à Igreja, e dos seguidores de Jesus conduzidos pelo Papa. Basta recordar o que foi a celebração dos funerais de João Paulo II, o Papa Peregrino.

O que isto nos revela? Que a Igreja, apesar dos erros e acertos, sempre é conduzida pelo Espírito Santo, que estimula toda família de Cristo a viver unida no seguimento do Evangelho. O próprio Jesus prometeu a Pedro que as portas do inferno nunca prevaleceriam sobre a Igreja e ela seria, até o fim, a barca da salvação para quem deseja chegar até o Reino definitivo.

## A IGREJA

A Igreja sempre foi conduzida pelo ensinamento dos apóstolos. Eles conheceram pessoalmente a Jesus e receberam dele a missão que todos levamos adiante até hoje. Jesus confia a Igreja aos cuidados de Pedro (cf. Mt 16,15-19).

A Igreja começou com Jesus Cristo, o qual formou um grupo de doze apóstolos que deveriam prosseguir sua missão. Eles foram enviados (apóstolo quer dizer enviado) para anunciar o Reino de Deus e falar do Pai que nos ama infinitamente. Dentre o grupo dos doze, Jesus escolheu um para ser o ponto de unidade dos demais. Ele foi Pedro, o primeiro papa. Depois da morte e ressurreição de Jesus, os apóstolos se espalharam para cumprir a missão, assistidos pelo Espírito Santo. Os apóstolos Pedro e Paulo foram à capital do Império Romano para falar de Jesus no centro do mundo daquela época. Em Roma foram assassinados; lá estão sepultados. Por isso a Igreja tem sua sede em Roma. A atual Basílica do Vaticano, maior templo católico do mundo, está construída sobre o túmulo de Pedro. Cada papa, eleito bispo de Roma, é o sucessor de Pedro, que deve confirmar todos os demais na unidade. Já passamos de 265 papas desde são Pedro.

Em cada parte do mundo a Igreja está dividida em *dioceses*. São regiões que reúnem um grupo de cidades com suas *paróquias* e *comunidades* católicas; estas formam a *Igreja local*. Na diocese o bispo (quer dizer supervisor) é o pastor maior de todo o grupo de cristãos. Sua missão é santificar seu rebanho através dos sacramentos; deve ensinar as verdades da fé católica e alertar para os riscos de desvios; deve também governar sua Igreja, como um pai cuida de sua família. O bispo está unido ao papa e assim mantém a unidade da única Igreja cuja cabeça é Cristo.

Na sede da diocese está a *igreja catedral*, a igreja-mãe das demais, pois é a igreja do bispo; é uma paróquia como as outras, mas constitui o sinal de unidade de toda Igreja diocesana. Chama-se catedral porque nela está cátedra (cadeira) do bispo. Ela representa o lugar de onde o bispo ensina e cuida e de todo povo a ele confiado.

Em cada diocese há as *paróquias*. Geralmente cada paróquia é um conjunto de várias comunidades, cuidadas por um padre chamado pároco. As paróquias são uma rede de comunidades unidas numa caminhada comum.

*Comunidade* é o lugar onde cada pessoa vive sua fé e caminha nas trilhas do Evangelho. Lugar onde se celebram os sacramentos, onde o povo de Deus se reúne para fortalecer sua fé, sua esperança e seu amor. A comunidade é um lar para o cristão, onde ele se encontra sempre para rever irmãos do caminho e experimentar o Deus que cuida desse pequeno rebanho através das pastorais, serviços e dos ministérios animados pelo padre responsável pela comunidade.

### *Para conversar*

- Como é o nome do nosso bispo?
- Como se chama a nossa diocese?
- Como é o nome de nossa catedral?
- Qual é o nome da nossa paróquia?
- Qual é o nosso pároco
- Como é o nome de nossa comunidade?
- Quantas comunidades há em nossa paróquia?

# As características da Igreja

A Igreja é:

*Una* – uma só, reunida em torno do bispo e do papa. Ela deve manter-se unida para dar testemunho de Cristo ao mundo.

*Santa* – porque fundada pelo próprio Jesus, que é a fonte de toda santidade. É santa porque é assistida constantemente pelo Espírito Santo que santifica os membros da Igreja. Através do testemunho de vida e de sinais e milagres comprobatórios, a Igreja declara quais, dentre seus fiéis, são considerados santos.

*Católica* – quer dizer universal. Está em todas as partes do mundo e toda pessoa pode entrar na Igreja e fazer parte dela, basta ser livre e desejar acolher esse caminho de Jesus. Por isso a Igreja segue o mandato de Jesus e vai por todo o mundo batizando as pessoas em diferentes lugares. O papa mantém a unidade dessa universalidade.

*Apostólica* – todo ensinamento, doutrina e pensamento da Igreja apóia-se na tradição dos apóstolos. A Igreja segue o que aqueles homens aprenderam de Jesus, porque eles foram as testemunhas oculares do que Cristo pretendia para o mundo. Por isso a Igreja venera os túmulos dos apóstolos e faz memória de cada um nas missas ao longo do ano. Graças a eles temos os escritos do Novo Testamento. A garantia de que esses ensinamentos são transmitidos com fidelidade está nas mãos dos bispos. Cada bispo é um sucessor do apóstolo e deve cuidar para que a Igreja não faça nada diferente do que deseja o Mestre e Senhor.

## Celebração

(Canto inicial sobre a Igreja.)

# A Palavra de Deus

Proclamar: 1 Coríntios 12,12-14.20.27-29.

Refletir em grupo sobre as conseqüências de a Igreja ser um corpo, o Corpo de Cristo. Em qual celebração encontramos mais visivelmente significado o Corpo de Cristo, a Igreja?

## Oração universal

(De pé.)

**Leitor 1:** *Oremos, irmãos e irmãs caríssimos, pela santa Igreja de Deus: que o Senhor nosso Deus lhe dê a paz e a unidade, que ele a proteja por toda a terra e nos conceda uma vida calma e tranqüila, para sua própria glória.*

(Reza-se em silêncio.)

**Quem preside:** *Deus eterno e todo-poderoso, que em Cristo revelastes a vossa glória a todos os povos, velai sobre a obra do vosso amor. Que a vossa Igreja, espalhada por todo o mundo, permaneça inabalável na fé e proclame sempre o vosso nome. Por Cristo, nosso Senhor.*

**Leitor 2:** *Oremos pelo nosso santo Padre, o Papa N., pelo nosso Bispo N., por todos os bispos, presbíteros e diáconos da Igreja e por todo o povo fiel.*

(Reza-se em silêncio.)

**Quem preside:** *Deus eterno e todo-poderoso, que santificais e governais pelo vosso Espírito todo o corpo da Igreja, escutai as súplicas que vos dirigimos por todos os ministros do vosso povo. Fazei que cada um, pelo dom da vossa graça, vos sirva com fidelidade. Por Cristo, nosso Senhor.*

**Leitor 3:** *Oremos por esses catecúmenos: que o Senhor nosso Deus abra os seus corações e as portas da misericórdia, para que,* *tendo recebido nas águas do batismo o perdão de todos os seus pecados, sejam incorporados no Cristo Jesus.*

(Reza-se em silêncio.)

**Quem preside:** *Deus eterno e todo-poderoso, que por novos nascimentos tornais fecunda a vossa Igreja, aumentai a fé e o entendimento desses catecúmenos, para que, renascidos pelo batismo, sejam contados entre os vossos filhos adotivos. Por Cristo, nosso Senhor.*

*Pai-nosso...*

## BÊNÇÃO

RICA, n. 119: Quem coordena o encontro estende as mãos em direção aos candidatos (colocam-se de joelhos) e diz:[1]

*Oremos. Senhor nosso Deus, que, habitando nas alturas e olhando os humildes, enviastes, para a salvação da humanidade, vosso Filho Jesus Cristo, Deus e Senhor nosso, considerai vossos servos e servas catecúmenos, humildemente inclinados diante de vós: tornai-os dignos do batismo, da remissão dos pecados e da veste da imortalidade; incorporai-os à vossa Igreja, santa, católica e apostólica, para que glorifiquem conosco o vosso nome. Por Cristo, nosso Senhor.*

**Todos:** *Amém.*

Ao terminar, os catequizandos aproximam-se de **quem preside** e este impõe as mãos a cada um.

---

[1] RICA, pp. 186-187.

*Capítulo 24*

# Sacramentos: sinais de amor

### ACOLHIDA

Iniciemos nosso encontro relembrando sinais que nos recordam a infância, ou pessoas e acontecimentos de nossa vida. Segundo nosso modo humano de comunicar precisamos de sinais, de gestos e de palavras para expressar nossos sentimentos e nos fazer compreender. Chamamos alguns elementos de símbolos, quando esses possuem muitos significados. Às vezes, um simples objeto é guardado por tanto tempo e com tanto carinho, só porque faz lembrar uma pessoa que queremos muito bem.

### SINAIS DE CRISTO NA COMUNIDADE

O sacramento tem essa propriedade, mostra-nos uma coisa aos olhos e se refere à outra realidade que se faz presente nele. Assim aconteceu com Jesus. Felipe pediu-lhe que mostrasse o Pai, ao que Jesus responde: "Felipe [...], quem me viu, viu o Pai" (Jo 14,9); ou então quando Jesus disse: "Eu e o Pai somos um" (Jo 10,30). "Quem me vê, vê aquele que me enviou" (Jo 12,45). "Eu tenho um testemunho maior que o de João: as obras que o Pai me concedeu realizar. As obras que eu faço dão testemunho de mim, pois mostram que o Pai me enviou" (Jo 5,36); "O Filho não pode fazer nada por si mesmo; ele faz apenas o que vê o Pai fazer. O que o Pai faz, o Filho o faz igualmente" (Jo 4,19).

A meta da vida de Jesus era cumprir a vontade do Pai. Por isso se mostrou em íntima união com ele, particularmente na oração. Jesus é o Filho de Deus, portanto tem natureza divina;

mas também ele é o Filho do Homem, nascido da Virgem Maria. Nele se encontram perfeitamente harmonizadas a natureza humana e a divina. Vemos o homem Jesus e enxergamos o Cristo, Verbo feito carne. Afirmamos que Jesus Cristo é o sacramento do Pai, por ele nós temos acesso ao Pai.

Ao ser exaltado na cruz e glorificado à direita do Pai, Jesus Cristo não nos deixa só. Disse Jesus: Eu vou para junto do Pai, mas não os deixarei órfãos, eu lhes darei o Espírito Santo (cf. Jo 14,15), o defensor, aquele que lhes lembrará tudo o que ensinei (cf. Jo 15,26). "Quando ele vier, o Espírito da Verdade, vos guiará em toda a verdade" (Jo 16,13). Jesus sopra o Espírito da ressurreição sobre os apóstolos para que eles continuem no mundo sua ação salvadora (cf. Jo 20,22).

Assim, a Igreja passa a ser o sacramento de Jesus no mundo, porque continua a realizar o que ele fez, na força de seu Espírito. Por isso, a Igreja perdoa os pecadores, cura os doentes, expulsa os demônios, abençoa as crianças, sacia a fome, constitui apóstolos e discípulos.

A Igreja é o prolongamento terrestre do corpo do Senhor, o primeiro sinal pelo qual o Cristo ressuscitado se torna presente no mundo. Os gestos salvadores que a Igreja realiza são chamados de sacramentos; eles atualizam a Páscoa de Cristo, o acontecimento mais importante da história da salvação. Todos os acontecimentos ocorrem uma única vez e logo passam e são absorvidos pelo passado; já o mistério pascal de Cristo não pode permanecer somente no passado, participa da eternidade divina, domina todos os tempos e se mantém sempre presente.[1] O Cristo está vivo, é vivificador e continua atuando na vida dos fiéis de diferentes formas, mas de modo especial nos sacramentos, quando nos comunica sua graça.

Por isso, no círio que se acende na Vigília da noite pascal, está escrito o número de cada ano. Esse rito nos lembra de que a luz da Páscoa de Cristo ilumina nossa vida e nossa história hoje, na comunidade.

---

[1] Cf. *Catecismo da Igreja Católica*, n. 1085.

A Igreja celebra os sacramentos em obediência à vontade do Senhor: "Fazei isto em memória de mim" (Lc 22,19). O Senhor glorioso continua comunicando sua força, que cura, que alimenta e que perdoa, assim como aconteceu, em seu tempo, com a mulher que tocou a ponta do seu manto e foi curada (cf. Mc 5,25-34). Os sacramentos são como que essas "forças que saem" do corpo de Cristo para curar as feridas do pecado e para nos dar a vida nova do Cristo.[2]

Certamente, o Cristo ressuscitado não é facilmente experimentado. Depois de sua glorificação e do envio do Espírito Santo, como podemos encontrar agora o Senhor que se retirou de nossa visão? Fomos então agraciados pela sua presença viva na Igreja e em seus sacramentos. Podemos participar da salvação que nos é gratuitamente oferecida nas celebrações da liturgia da Igreja; momento em que o Espírito atua na Igreja, na nova e eterna aliança.

O Espírito atualiza o mistério de Cristo, por seu poder transformador. Por isso, invocamos sua presença durante as celebrações dos sacramentos. Ele, como o fogo, transforma em vida divina tudo o que se submete ao seu poder — habita nos sacramentos, preenche-os de graça e faz deles acontecimentos salvadores.

O *Catecismo da Igreja Católica* (nn. 1077-1112) apresenta em primeiro lugar a Santíssima Trindade como a protagonista dos sacramentos. Não é a Igreja, nem a comunidade cristã que produzem os sacramentos, mas eles são obra de Deus Pai, Filho e Espírito Santo.

### Sacramentos são sinais

Na Igreja distinguem-se sete sacramentos:

- sacramentos da iniciação cristã (batismo, confirmação e eucaristia);
- sacramentos da cura (penitência e unção dos enfermos);
- sacramentos a serviço da comunhão e da missão (ordem e

---

[2] Cf. idem, n. 1116.

matrimônio).

Os sacramentos são eficazes em si mesmos, porque neles Cristo atua diretamente. Foram instituídos por Jesus Cristo e confiados à Igreja.

Essa definição estabelece três aspectos para constituir um sacramento: deve ser "sensível", pois, se não pudéssemos percebê-lo, deixaria de ser um sinal. Este sinal sensível consta sempre de "matéria" e de "forma", isto é, da matéria empregada e das palavras pronunciadas pelo ministro do sacramento.

Deve ser "instituído por Jesus Cristo", porque só Deus pode ligar um sinal visível com sua graça. Jesus é o autor da realidade de graça dos sete sacramentos, deixou à Igreja apenas o cuidado de estabelecer ritos para a sua comunicação no tempo atual, sem tocar-lhe na substância.

"Para produzir a graça". Isto é, distribuir os efeitos e méritos da salvação que Jesus Cristo nos deu. Os sacramentos comunicam esta graça, "por virtude própria", independente das disposições daquele que os administra ou recebe. No entanto, ele supõe a fé de quem os recebe para que possa produzir seus frutos de graça. Como em um diálogo de aliança. O Senhor derrama a sua graça, o seu Espírito que transforma, converte, muda o coração humano para que se pareça ao seu divino coração; mas a resposta de fé, a adesão do cristão, é fundamental para que o mesmo Espírito cumpra a sua missão. Deus sempre comunica a sua graça no ato sacramental, mas respeita a liberdade humana.

## Oração de libertação

RICA, n. 119: Quem coordena o encontro estende as mãos em direção aos candidatos (colocam-se de joelhos) e diz:[3]

*Oremos. Senhor Deus todo-poderoso, olhai os vossos servos e servas que são formados segundo o Evangelho de Cristo: fazei que vos conheçam e amem e, generosos e prontos, cumpram a vossa vontade.*

---

[3] RICA, n. 123, p. 186.

*Dignai-vos prepará-los por esta santa iniciação, incorporai os catecúmenos à vossa Igreja e fortalecei os que esperam o dom do vosso Espírito para que participem dos vossos mistérios neste mundo e na eternidade. Por Cristo, nosso Senhor.*

**Todos:** *Amém.*

Ao terminar, os catequizandos aproximam-se de **quem preside** e este impõe as mãos a cada um.

# AS LUZES NA CAMINHADA

*Capítulo 25*

# Quaresma: tempo de conversão

### ACOLHIDA

Viver e celebrar a Quaresma é reconhecer a presença de Deus em nossa caminhada. Os 40 dias que antecedem à festa da Páscoa evocam os 40 anos que o povo de Israel passou no deserto quando saiu do Egito e os 40 dias de retiro de Jesus no deserto. É tempo de preparação, de penitência, de renúncias em favor de um bem maior.

### QUARESMA

Esta é a ocasião para rezarmos melhor o mistério da paixão, morte e ressurreição de Jesus Cristo, nosso Salvador. Caminharemos com ele até o Calvário, mas com ele estaremos na manhã de domingo que inaugura um mundo novo para todos. A oração nos compromete com os irmãos. É por isso que desejamos assumir gestos concretos em favor dos outros. Vamos sair de nós mesmos e ir ao encontro daqueles que precisam de solidariedade. Rezando e sendo solidários, vamos também cuidar de nossa vida: nosso corpo, nossas esperanças, nossos projetos. Tudo em vista do bem maior: a felicidade em Deus. Este é o tempo que nos aproxima dos sacramentos da salvação. Abandonemos tudo que nos impede de seguir o caminho e assim seremos purificados. Através do jejum, da oração e da caridade, procuremos viver essa oportunidade única em nossa vida. É tempo de mudança, de conversão!

Estamos numa etapa especial da caminhada, agora é tempo de aperfeiçoar o conhecimento, tirar dúvidas, participar de ritos de renúncia do mal (exorcismos) e de acolher o bem. Vamos participar da preparação imediata aos sacramentos. Estamos chegando a um ponto fundamental de toda essa caminhada. Vamos firmes e seguros de que Cristo nos acompanha nesta hora da salvação em nossa história.

O tempo da iluminação ou da purificação dá acabamento à preparação anterior, na medida em que está mais relacionado à vida interior; busca que o eleito adquira um profundo sentido de Cristo e da Igreja para que existencialmente possa perceber o mistério de salvação revelado em Cristo e presente na sua Igreja. Diante desse mistério, ele é convidado a orientar seus propósitos e a unir-se mais estreitamente a Cristo. A salvação em Cristo contrapõe-se ao mistério do pecado e suas seqüelas, por isso o RICA quer que o eleito progrida no conhecimento de si mesmo e, por meio do exame sincero de consciência e da verdadeira penitência, seja instruído gradativamente sobre tal mistério e levado a libertar-se das conseqüências do pecado e das influências diabólicas.

Nesta parte de nossa formação os encontros seguem uma metodologia de celebração da Palavra de Deus. As orações e as reflexões baseiam-se em evangelhos dos domingos da Quaresma do ano A da liturgia. Dessa forma pretendemos viver mais próximos do mistério pascal e nos prepararmos melhor para acolher o Cristo na Páscoa.

*Capítulo 26*

# Eleição

## ACOLHIDA

Ao receber o parecer favorável da comunidade, o candidato dará mais um passo. Este rito[1] conclui o catecumenato, e o candidato passa à categoria de eleito ou iluminado. O termo eleito indica que os crentes são objeto da ação gratuita de Deus. Ele os iluminou e agora, à sua luz, devem caminhar para ser dignos desse chamado, certos de que Deus não faltará nunca à sua fidelidade. O rito ressalta a importância da comunidade eclesial no ato de acolher esses dons de Deus à sua Igreja. A comunidade reconhece favoravelmente sua formação e progresso na vida cristã. O rito conta com a séria avaliação da comunidade sobre a formação e os progressos do catecúmeno. A Igreja admite o candidato baseada na eleição de Deus, em cujo nome ela age. A autenticidade do rito pede que, de fato, as partes interessadas deliberem acerca da idoneidade do candidato e haja envolvimento comunitário, a própria comunidade empenhando-se para *re-iniciar* com os eleitos o caminho para os mistérios pascais.[2] Para os crismandos, o rito da eleição deverá exprimir a inscrição para receber o sacramento da confirmação e da eucaristia.

---

[1] Cf. nn. 6b, 22-23, 41.3, 44, 51, 61, 66.6, 133-150, 374bis-375.

[2] Cf. nn. 142, 148.

# Rito da inscrição do nome

140. Realize-se o rito na celebração do primeiro domingo da Quaresma, depois da homilia.

142. A homilia, apropriada às circunstâncias, seja dirigida tanto aos catecúmenos como à comunidade dos fiéis, para que estes, esforçando-se por dar um bom exemplo, iniciem com os eleitos o caminho para os mistérios pascais.

Devem estar presentes também padrinhos e madrinhas, sobretudo dos que vão ser batizados.

## *Apresentação dos candidatos*

143. Após a homilia, a **pessoa encarregada da iniciação** [...] apresenta os que vão ser eleitos, com estas palavras ou outras semelhantes:

*Padre N., aproximando-se as solenidades pascais, os catecúmenos e os crismandos aqui presentes, confiantes na graça divina e ajudados pela oração e exemplo da comunidade, pedem humildemente que, depois da preparação necessária e da celebração dos escrutínios, lhes seja permitido participar da celebração dos sacramentos.*

**Quem preside** responde:

*Aproximem-se, com seus padrinhos e madrinhas, os que vão ser eleitos.*

Cada um, chamado pelo nome, adianta-se com o padrinho ou a madrinha e permanece diante de quem preside.

Se forem muitos, faça-se a apresentação de todos ao mesmo tempo, p. ex., por meio dos respectivos catequistas, sendo aconselhável que estes, numa celebração prévia, chamem pelo nome os seus candidatos antes de comparecerem ao rito comum. Sejam chamados separadamente os catecúmenos e os crismandos.

144. **Quem preside** prossegue:

A santa Igreja de Deus deseja certificar-se de que estes catecúmenos e crismandos estão em condições de ser admitidos para a celebração das próximas solenidades pascais.

E dirigindo-se aos padrinhos:

*Peço, por isso, a vocês, padrinhos e madrinhas, darem testemunho a respeito da conduta desses candidatos: ouviram eles fielmente a Palavra de Deus anunciada pela Igreja?*

**Os padrinhos:** *Ouviram.*

**Quem preside:** *Estão vivendo na presença de Deus, de acordo com o que lhes foi ensinado?*

**Os padrinhos:** *Estão.*

**Quem preside:** *Têm participado da vida e da oração da comunidade?*

**Os padrinhos:** *Têm participado.*

## Exame e petição dos candidatos

146. **Quem preside** exorta e interroga os candidatos com estas palavras ou outras semelhantes:

*Agora me dirijo a vocês, prezados catecúmenos e crismandos. Seus padrinhos e catequistas e muitos da comunidade deram testemunho favorável a respeito de vocês. Confiando em seu parecer, a Igreja, em nome de Cristo, chama vocês para os sacramentos pascais. Vocês, tendo ouvido a voz de Cristo, devem agora responder-lhe perante a Igreja, manifestando a sua intenção. Catecúmenos e crismandos, vocês querem receber os sacramentos na próxima Vigília Pascal?*

**Os candidatos:** *Queremos.*

**Quem preside:** *Querem prosseguir fiéis à santa Igreja, continuando a freqüentar a catequese, participando da vida da comunidade?*

**Os candidatos:** *Queremos.*

**Quem preside:** *Dêem, por favor, os seus nomes.*

Os candidatos, com seus padrinhos, aproximando-se de quem preside, ou permanecendo em seus lugares, dão o nome. A inscrição pode ser feita de vários modos: o nome é inscrito pelo próprio candidato ou, pronunciado claramente, é anotado pelo padrinho ou por quem preside. Se os candidatos forem muitos, o **coordenador** apresenta a lista dos nomes a quem preside com estas palavras ou outras semelhantes:

*São estes os nomes.*

Durante a inscrição dos nomes, pode-se cantar um canto apropriado, p. ex., o Sl 15.

## Admissão ou eleição

147. Terminada a inscrição dos nomes, **quem preside** dirige aos candidatos estas palavras ou outras semelhantes:

*(N. e N.), eu declaro vocês eleitos para completarem a iniciação ou serem iniciados nos sagrados mistérios na próxima Vigília Pascal.*

**Os candidatos:** *Graças a Deus.*

**Quem preside:** *Deus é sempre fiel ao seu chamado e nunca lhes negará a sua ajuda. Vocês devem se esforçar para serem fiéis a ele e realizar plenamente o significado desta eleição.*

Dirigindo-se aos padrinhos, **quem preside** exorta-os com estas palavras ou outras semelhantes:

*Estes candidatos, de quem vocês deram testemunho, foram confiados a vocês no Senhor. Acompanhem-nos com o auxílio e o exemplo fraterno até os sacramentos da vida divina.*

E convida-os a pôr a mão no ombro dos candidatos, a quem recebem como afilhados, ou a fazer outro gesto de igual significação.

## Oração pelos eleitos

148. A comunidade reza pelos eleitos com estas palavras ou outras semelhantes:

**Quem preside:** *Queridos irmãos e irmãs, preparando-nos para celebrar os mistérios da paixão e ressurreição, iniciamos hoje os exercícios quaresmais. Os eleitos que conduzimos conosco aos sacramentos pascais esperam de nós um exemplo de conversão. Roguemos ao Senhor por eles e por nós, a fim de que nos animemos por nossa mútua renovação e sejamos dignos das graças pascais.*

**Leitor:** *Nós vos rogamos, Senhor, que por vossa graça estes eleitos encontrem alegria na sua oração cotidiana e a vivam cada vez mais em união convosco.*

**Todos:** *Nós vos rogamos, Senhor.*

**Leitor:** *Alegrem-se de ler vossa Palavra e meditá-la em seu coração.*

**Todos:** *Nós vos rogamos, Senhor.*

**Leitor:** *Reconheçam humildemente seus defeitos e comecem a corrigi-los com firmeza.*

**Todos:** *Nós vos rogamos, Senhor.*

**Leitor:** *Transformem o trabalho cotidiano em oferenda que vos seja agradável.*

**Todos:** *Nós vos rogamos, Senhor.*

**Leitor:** *Tenham sempre alguma coisa a oferecer-vos em cada dia da Quaresma.*

**Todos:** *Nós vos rogamos, Senhor.*

**Leitor:** *Acostumem-se a amar e cultivar a virtude e a santidade de vida.*

**Todos:** *Nós vos rogamos, Senhor.*

**Leitor:** *Renunciando a si mesmos, busquem mais o bem do próximo do que o seu próprio bem.*

**Todos:** *Nós vos rogamos, Senhor.*

**Leitor:** *Partilhem com os outros a alegria que lhes foi dada pela fé.*

**Todos:** *Nós vos rogamos, Senhor.*

**Leitor:** *Em vossa bondade, guardai e abençoai as suas famílias.*

**Todos:** *Nós vos rogamos, Senhor.*

149. **Quem preside**, com as mãos estendidas sobre os eleitos, conclui as preces com esta oração:

*Pai amado e todo-poderoso, vós quereis restaurar todas as coisas no Cristo e atraís toda a humanidade para ele. Guiai estes eleitos da vossa Igreja e concedei que, fiéis à sua vocação, possam integrar-se no Reino de vosso Filho e ser assinalados com o dom do Espírito Santo. Por Cristo, nosso Senhor.*

**Todos:** *Amém.*

*Capítulo 27*

# 1º escrutínio: água para nossa sede

### PRIMEIRO ESCRUTÍNIO

## *Terceiro domingo da Quaresma*

- Proclamação da Palavra e homilia
- Oração em silêncio
- Preces pelos eleitos
- Exorcismo
- Despedida dos eleitos
- Liturgia eucarística

## *Proclamação da Palavra e homilia*

160. Celebra-se o primeiro escrutínio no terceiro domingo da Quaresma, usando-se sempre as fórmulas do Missal e do Lecionário do Ano A (evangelho da samaritana).

161. Quem preside, baseando-se nas leituras da Sagrada Escritura, expõe na homilia o sentido do primeiro escrutínio, levando em conta a liturgia quaresmal e o itinerário espiritual dos eleitos.

# Oração em silêncio

162. Depois da homilia, os eleitos, com os padrinhos e as madrinhas, põem-se de pé diante de **quem preside**. Este, dirigindo-se primeiro aos fiéis, convida-os a orar em silêncio pelos eleitos, implorando o espírito de penitência, a consciência do pecado e a verdadeira liberdade dos filhos de Deus.

Voltando-se para os eleitos, convida-os igualmente a orar em silêncio e exorta-os a manifestar pela atitude do corpo seu espírito de penitência, inclinando-se ou ajoelhando-se. Conclui com estas palavras ou outras semelhantes:

*Eleitos de Deus, inclinem-se (ou: ajoelhem-se) para a oração.*

Os eleitos inclinam-se ou ajoelham-se. Todos rezam durante um momento em silêncio e, se for oportuno, erguem-se em seguida.

# Preces pelos eleitos

163. Durante as preces, os padrinhos e madrinhas colocam a mão direita sobre o ombro de cada eleito.

**Quem preside:** *Oremos por estes eleitos que a Igreja confiantemente escolheu após uma longa caminhada, para que, concluída sua preparação, nestas festas pascais, encontrem o Cristo nos seus sacramentos.*

**Leitor:** *Para que estes eleitos, a exemplo da samaritana, repassem suas vidas diante do Cristo e reconheçam os próprios pecados, roguemos ao Senhor.*

**Todos:** *Senhor, atendei a nossa prece.*

**Leitor:** *Para que sejam libertados do espírito de descrença que afasta a humanidade do caminho de Cristo, roguemos ao Senhor.*

**Todos:** *Senhor, atendei a nossa prece.*

**Leitor:** *Para que, à espera do dom de Deus, cresça neles o desejo da água viva que jorra para a vida eterna, roguemos ao Senhor.*

**Todos:** *Senhor, atendei a nossa prece.*

**Leitor:** *Para que, aceitando como mestre o Filho de Deus, sejam verdadeiros adoradores do Pai, em espírito e em verdade, roguemos ao Senhor.*

**Todos:** *Senhor, atendei a nossa prece.*

**Leitor:** *Para que, tendo experimentado o maravilhoso encontro com o Cristo, possam transmitir aos amigos e concidadãos sua mensagem de alegria, roguemos ao Senhor.*

**Todos:** *Senhor, atendei a nossa prece.*

**Leitor:** *Para que todos os que sofrem no mundo pela pobreza e pela falta da Palavra de Deus tenham a vida em plenitude prometida pelo Evangelho de Cristo, roguemos ao Senhor.*

**Todos:** *Senhor, atendei a nossa prece.*

**Leitor:** *Para que todos nós, acolhendo o ensinamento do Cristo e aceitando a vontade do Pai, possamos realizar amorosamente a sua obra, roguemos ao Senhor.*

**Todos:** *Senhor, atendei a nossa prece.*

Outra fórmula de prece pelos eleitos: Textos diversos, n. 378 [163], p. 201.

## *Exorcismo*

164. Depois das preces, de mãos unidas e voltado para os eleitos, **quem preside** diz:

Oremos. Pai de misericórdia, por vosso Filho vos compadecestes da samaritana e, com a mesma ternura de Pai, oferecestes a salvação a todo pecador. Olhai em vosso amor estes eleitos que desejam receber, pelos sacramentos, a adoção de filhos e o dom do Espírito: que eles, livres da servidão do pecado e do pesado jugo do demônio, recebam o suave jugo de Cristo. Protegei-os em todos os perigos a fim de que vos sirvam fielmente na paz e na alegria e vos rendam graças para sempre. Por Cristo, nosso Senhor.

**Todos:** *Amém.*

Se puder fazê-lo comodamente, **quem preside**, em silêncio, imporá a mão sobre cada eleito. Com as mãos estendidas sobre eles, continua:

*Senhor Jesus, que em vossa admirável misericórdia convertestes a samaritana, para que adorasse o Pai em espírito e verdade, libertai agora das ciladas do demônio estes eleitos que se aproximam das fontes da água viva; convertei seus corações pela força do Espírito Santo, a fim de conhecerem o vosso Pai, pela fé sincera que se manifesta na caridade. Vós que viveis e reinais para sempre.*

**Todos:** *Amém.*

Outra fórmula de exorcismo: Textos diversos, n. 379, p. 202.

Pode-se entoar um canto apropriado, escolhido, por ex., entre os salmos 6, 25, 31, 37, 38, 39, 50, 114, 129, 138, 141: Textos diversos, n. 379, p. 203

## Despedida dos eleitos

Os crismandos permanecem na Igreja e participam da liturgia eucarística.

165. **Quem preside** despede os eleitos (não batizados) dizendo:

*Vão em paz (e compareçam ao próximo escrutínio). O Senhor os acompanhe.*

**Os eleitos:** *Graças a Deus.*

Os eleitos retiram-se. Se houver razões bastante graves para não saírem (cf. Introdução, n. 19, § 3) e tiverem, por isso, de ficar com os fiéis, não participem da eucaristia como se já fossem batizados, ainda que a ela tenham de assistir.

## Celebração da eucaristia

166. Depois da saída dos eleitos, prossegue a eucaristia, com a oração dos fiéis pelas necessidades da Igreja e do mundo. Em seguida, diz-se o Creio e preparam-se as oferendas. Na Oração eucarística comemorem-se os eleitos e os padrinhos (cf. n. 377).

*Capítulo 28*

# O sacramento da penitência

### ACOLHIDA

Queremos viver na luz. O pecado nos deixa nas trevas. A Igreja, através do sacramento da reconciliação, coloca-nos novamente na condição de filhos da Luz. Vamos participar do sacramento da penitência. Dessa forma, a Igreja cura os que foram batizados em Cristo e os faz enxergar melhor.

Muita gente não gosta de se confessar, contar seus pecados e admitir que precisa desse sacramento. Há quem tenha medo e insegurança na hora de falar de si. Outros acham que podem se confessar diretamente com Deus, dispensando a mediação da Igreja. Outros, ainda, dizem não confiar num padre porque é um ser humano e também erra. Há quem diga: "Eu não matei nem roubei, portanto não tenho pecado!". E há também quem diga que Deus é tão bom que não vai condenar quem deixa de se confessar pecador.

É preciso esclarecer alguns pontos que muita gente confunde e por isso deixa de experimentar o amor de Deus que se manifesta infinito através do perdão concedido no sacramento da reconciliação ou da penitência.

### EXISTE PECADO?

Esta é uma pergunta freqüente em nosso tempo. As pessoas pensam que nada mais é pecado e que cada um decide sua própria vida sem precisar da Igreja ou de alguém que lhe corrija. Quando não se sabe mais distinguir a verdade da mentira, pode-se também pensar que o certo é errado e que o errado é certo. Vivemos um clima de profundo individualismo onde "cada um faz a sua lei".

Há pensamentos, atos e omissões que praticamos e prejudicam os outros. Através de Jesus aprendemos que tudo que fizermos de mal para os outros ofende a Deus, porque todo desamor praticado nesta terra contraria o mandamento maior que Jesus nos deixou: "Amai-vos uns aos outros como eu vos amei!".

Por vontade do Criador, então, tudo que causa sofrimento, dor, injustiça e provoca o erro e a mentira afeta o próprio Deus. Foi o ódio presente no coração humano que pregou Jesus na cruz. Rejeitaram as propostas de Jesus que falavam de rezar pelos inimigos, de perdoar quem nos ofende e de amar sem cansar. O pecado, portanto, existe, independe da nossa aceitação.

## O *que é pecado?*

Nem todos os erros são pecados. Para haver pecado é preciso saber que se está errando, querer pecar e livremente praticar o pecado.

Os maiores pecados do início do cristianismo eram três: matar, cometer adultério e negar a divindade e humanidade de Cristo (apostasia).

Há pecados graves e leves, e com diferentes acentos eles vão esfriando a nossa relação com Deus e tornando o ser humano estranho ao seu Pai. Os filhos escolhem uma orfandade e vão perdendo a alegria de viver, crescem na solidão, na tristeza, na angústia e no vazio.

Um bom critério para saber quais são os nossos pecados é usar a medida do amor. Tudo o que fazemos deve ser avaliado segundo o amor que Jesus ensinou. Mais do que contabilizar faltas, devemos ver de que forma podemos amar mais e melhor.

# Tudo pode ser perdoado

Sim, todos os pecados, até os mais graves, podem ser perdoados, desde que a pessoa se arrependa e esteja disposta a reparar o mal que praticou. O único pecado que não tem perdão é aquele cometido contra o Espírito Santo, mas que Jesus, no Evangelho, revela com clareza tratar-se de quem fecha o coração para as obras de Deus e ao ver a ação divina no mundo não a aceita e acusa ser do diabo. Tudo para não mudar de vida e acolher o dom de Deus que é ofertado. No tempo de Jesus havia doutores da lei que viam os milagres que Jesus fazia, mas eles acusavam que era pela força de Satanás que Jesus fazia o bem. Jesus ficou indignado com eles, pois não reconheciam o bem que Deus operava diante dos seus olhos. Por isso Jesus disse que esse tipo de pecado não tem perdão.

Para ser perdoado, o pecador deve procurar a Igreja e confessar seus pecados. Receberá assim o sacramento da reconciliação ou da penitência. Trata-se do sacramento que novamente concilia o ser humano com Deus e lhe dá novas chances de viver de acordo com a vontade de Jesus.

O Creio relaciona a fé no perdão dos pecados com a fé no Espírito Santo, mas também com a fé na Igreja e na comunhão dos santos. Cristo ressuscitado confiou aos apóstolos o poder de perdoar os pecados quando lhes deu o Espírito Santo. O batismo é o primeiro e o principal sacramento para o perdão dos pecados: une-nos a Cristo morto e ressuscitado e nos dá o Espírito Santo. Pela vontade de Cristo, a Igreja possui o poder de perdoar os pecados dos batizados, e exerce esse ministério através dos bispos e presbíteros de maneira habitual no sacramento da penitência.

## Como receber o sacramento?

- Reconhecer-se pecador e capaz de ser melhor.
- Arrepender-se dos pecados cometidos e dispor-se a reparar o mal.

- Fazer o exame de consciência. Não simplesmente apresentar um elenco dos pecados, mas responder à pergunta fundamental: o que aconteceu, desde a última confissão, na minha vida que não gostaria que tivesse ocorrido, o que não gostaria de ter feito, o que me dá tristeza e me pesa na consciência? Não é apenas mencionar faltas e erros, mas ir às raízes do que não se gostaria que tivesse acontecido. Colocar-se diante de Jesus e pedir para ser curado de tudo isso. Os maus humores, as quedas, as omissões e indiferenças. Devemos procurar as raízes de nossas culpas.

- Procurar o sacerdote, dizer o tempo que passou desde a última confissão. Arrepender-se e acusar os pecados. A confissão vai ao coração do pecado e do arrependimento, vai ao profundo do ser onde estão desejos ambíguos, intenções erradas e sentimentos falsos. A confissão, mais que um tribunal de acusações, é colocar nosso coração no coração de Cristo, para que ele nos mude.

- Ouvir as palavras do sacerdote (conselhos, penitência).

- Rezar o ato de contrição. Quando o coração está arrependido do que fez e está consciente de que ofendeu a Deus com seus atos, nasce então uma atitude de arrependimento. O ato de contrição é uma atitude de quem quer reparar o mal cometido. É muito mais do que uma fórmula, trata-se de uma atitude que envolve todo o ser: pensamentos, desejos e ações. Pode-se memorizar a fórmula, mas, o mais importante, é não pronunciá-la mecanicamente e sim vivenciar cada palavra do ato de contrição. Enfim, o ato de contrição pode ser também uma prece espontânea que sai do coração penitente reconhecendo-se pecador e suplicando o perdão e a força para não pecar mais:

Meu Jesus, crucificado por minha culpa, estou muito arrependido por ter pecado, pois ofendi ao próximo e a vós que sois tão bom. Perdoai-me, Senhor! Não quero mais pecar. Amém.

- Receber a absolvição:

  Deus, Pai de misericórdia, que, pela morte e ressurreição de seu Filho, reconciliou o mundo consigo e enviou o Espírito Santo para a remissão dos pecados, te conceda, pelo ministério da Igreja, o perdão e a paz. E eu te absolvo dos teus pecados, em nome do Pai e do Filho e do Espírito Santo.

- Cumprir a penitência. Cumpre-se, então, a penitência no sentido de restaurar o que foi rompido. Não se trata de realizar uma tarefa apenas, mas é muito mais acolher a necessidade do amor que pede amar mais e reparar o mal cometido.

## *É bom saber*

A Igreja pede que seus filhos se confessem sempre que tiverem pecado grave, e não se passe um ano sem se confessar. O tempo especial para o sacramento da reconciliação é o Advento, preparando o Natal, e a Quaresma, preparando a Páscoa.

(A equipe poderá preparar uma celebração da penitência na qual todos deverão participar. O *Ritual da penitência* oferece dois esquemas próprios para a Quaresma [cf. pp. 190-204].)

*Capítulo 29*

# Vida plena

## ACOLHIDA

Com Cristo queremos carregar a nossa cruz para poder ressuscitar. Jesus ressuscita seu amigo Lázaro. É um sinal que antecipa a grande ressurreição do Cristo. A cruz não é, para nós, sinal de morte, mas símbolo da vida que venceu a morte.

Alguns sofrimentos afetam tanto, que chegamos a nos perguntar sobre o sentido do viver. De todos os males que afligem o coração humano, porém, nenhum é tão avassalador quanto a morte. Ela abala o sentido das festas e conquistas, a razão dos encontros e das convivências, pois, numa hora nunca sabida, somos colhidos deste mundo para sempre. Todo o que vive deve morrer, e isso nos perturba profundamente.

A ressurreição não é somente para depois da morte, mas é uma experiência em vida, de quem já se sente e percebe inundado pela luz da vida eterna. É a mesma experiência que fez Jesus antes da cruz, na medida em que perdoou os inimigos, contemplou a beleza dos lírios do campo, amou sem limites, viveu mergulhado no Pai. A maior dor e frustração deste mundo não podem apagar a força da ressurreição que habita o coração cristão. Que o digam os mártires tragicamente assassinados e totalmente consolados pela certeza do Cristo que vive.

## MORREMOS UMA SÓ VEZ!

A Igreja, baseada na Escritura Sagrada, ensina que o ser humano só morre uma vez. Por isso, afirma que "a morte é o fim da peregrinação terrena do homem, do tempo de graça e de misericórdia que Deus lhe oferece para realizar a sua vida terrena segundo o projeto divino e para decidir o seu destino último".[1] Esse texto do *Catecismo da Igreja Católica* refere-se ao fim da peregrinação e não ao fim da existência; ao contrário, a Igreja crê na imortalidade, ou seja, na eternidade de nossa existência consciente depois da morte: "A Igreja afirma a continuidade e a subsistência depois da morte, de um elemento espiritual que está dotado de consciência e vontade, de forma que subsiste o mesmo 'eu humano', carente, entretanto, do complemento do seu corpo".[2]

## O *que existe depois da morte*

São Paulo afirma que a ressurreição do Crucificado dá início ao processo da ressurreição dos mortos e à nova criação do mundo (cf. Rm 8,11). Na ressurreição de Jesus revelou-se a vida eterna e manifestou-se a força da vida no Espírito Santo. Os corpos mortais, em Cristo, não somente superam o pecado mas também derrotam a morte.

Tudo o que a Igreja acredita sobre o pós-morte baseia-se totalmente na Páscoa de Jesus Cristo. Por isso a Igreja fala de um encontro com Jesus logo após a morte, no qual se decide o destino final de cada existência: salvação ou condenação. É importante ressaltar que Deus nunca condena ninguém; é a própria pessoa, pelos seus atos e palavras, que trilha o caminho de Deus ou se afasta dele. Quem for condenado será por opção de afastar-se de Deus! Evidente que tudo já vai se decidindo nesta vida. A escolha final é o resultado de quem nesta vida foi optando pelo bem e pela justiça ou por aqueles que desde já caíram no caminho das trevas. Daí a responsabilidade da vida humana na terra!

## O *que vem depois da morte?*

---

[1] *Catecismo da Igreja Católica*, n. 1030.

[2] Carta da Congregação para a Doutrina da Fé, de 1979, sobre a escatologia.

O pensamento católico sobre o tema remonta à declaração de Bento XII realizada no Concílio de Trento na sessão XXV, quando rejeita a opinião de que os mortos dormiriam na esperança de serem ressuscitados no advento de Cristo. Sustenta-se, no entanto, que cada ser humano é julgado imediatamente após a morte. É o juízo particular que antecipa individualmente o juízo universal. Há dois juízos, conforme a doutrina católica: um particular, subitamente após a morte, e outro universal, na parusia, quando haverá a destruição da morte e início do novo céu e da nova terra.

Se os mortos não vivem mais no tempo dos vivos, então eles existirão na presença eterna de Deus. O tempo da morte até a ressurreição será "um só instante". Sobre a questão do lugar ou estado no qual os mortos se encontram, responde-se que já estão no novo mundo da ressurreição e da vida eterna. Assim interpretam-se as palavras de Jesus na cruz dirigidas ao crucificado do seu lado: "Hoje estarás comigo no paraíso" (Lc 23,43). Ele diz "hoje" e não daqui a três dias, referindo-se ao hoje eterno de Deus.

## Ressurreição da carne

O corpo do Ressuscitado é o corpo perfeito. Nele fundamenta-se a ressurreição da carne. Ele participa da onipresença de Deus, por isso não conhece mais os limites de espaço, podendo entrar na sala onde estão os discípulos com medo dos judeus, sem passar pela porta (cf. Jo 20,19). Ele pode manifestar-se em Jerusalém e na Galiléia simultaneamente. Ele vive na eternidade de Deus, por isso sua presença não está mais circunscrita aos confins do tempo. Ele vive no céu das potências criadoras de Deus e reina com elas, e já não está mais sujeito às possibilidades limitadas da realidade terrena. Nele, e por ele, as forças da nova criação já atuam no mundo presente. A ressurreição da carne é a recuperação do corpo dos mortos. Com ela o cristianismo professou a necessidade de não abstrair a esperança de uma vida futura que perdesse a identidade de cada pessoa. Os mortos permanecem identificáveis para Deus, ainda que se decomponham. A história de cada um não pode ser anulada e dissolvida no além da morte. Essa não pode destruir o relacionamento do Criador com a criatura.

## *Purgatório*

Aqueles que durante a vida não conseguiram viver o amor gratuito para com os outros e se fecharam, mas mesmo assim têm vontade de seguir o caminho de Jesus, de viver com ele, podem ser purificados. O purgatório não é um lugar, mas um estado em que a pessoa antes ou depois da morte muda sua forma de pensar e de agir, entende melhor o que significa ser filho de Deus e abandona suas obras egoístas e injustas.

A morte pode surpreender sem a maturidade para um amor puro. É difícil a perfeita maturidade. O que nos salva é a graça de Deus. A morte não é barreira para quem ama. Purgatório não é lugar de fogo, mas uma experiência transformadora que purifica e renova o ser para fazer brilhar sua imagem mais bela. É a chance da experiência humana colaborar na salvação.

## *Inferno*

Aqueles que se fecharam totalmente ao amor de Deus escolheram livremente ficar longe dele e permanecer nas trevas. Deus não coloca ninguém nesse estado. São as pessoas que esfriaram o coração com o apego exagerado aos bens, seus instintos egoístas, sua ânsia pelo poder e, principalmente, sua insensibilidade ao próximo. Quem viveu assim não consegue entender a dinâmica do céu onde a vida é sempre partilha.

O Evangelho realmente nos revela que Deus criou tudo para a salvação e não quer que nada se perca. E o inferno é, de fato, um escândalo até aos olhos de Deus. O inferno, no entanto, não foi criado por Deus, mas pela decisão das criaturas livres e inteligentes, anjos e homens, que decidem ser diabólicos. A "possibilidade" de uma condenação eterna revela a grandeza de nossa liberdade, a dignidade e a seriedade de nossas escolhas. A criatura humana foi feita para ser livre, porque o amor é livre e só o amor salva. O inferno deve permanecer como a séria possibilidade de recusarmos livre e definitivamente o amor de Deus, rejeitando a comunhão trinitária. A Igreja nunca afirmou quem poderia estar no inferno. Esse é um mistério muito grande. Mas igualmente impossível é pensar que não existe essa possibilidade de condenação eterna. Diante de maldades tão refinadas que percebemos no dia-a-dia é difícil pensar que todos escolheram o caminho de Deus. Aqui é preciso ser bem concreto: "Nem todo aquele que me diz: 'Senhor! Senhor!', entrará no Reino dos Céus, mas só aquele que põe em prática a vontade de meu Pai" (Mt 7,21).

## Céu

Chamamos de céu aquele estado de harmonia perfeita da criatura com seu Criador. Não é um lugar, mas um estado onde estaremos face a face com o Deus que Jesus nos revelou. Será o nosso lar, para lá caminhamos a cada dia, pois na terra somos apenas peregrinos. Estamos a caminho da Casa do Pai. No céu estaremos em comunhão com Maria, os santos e os anjos. Como será e sobre os detalhes dessa vida eterna nada podemos afirmar, porque é uma surpresa muito grande. Assim como uma criança no ventre da mãe nem imagina o quanto é bela a vida fora do ventre, nós nem imaginamos quão bela será a vida em Deus.

Na Bíblia, o céu é a morada de Deus. Ele age na terra a partir do céu, onde seu nome é santificado, sua vontade é realizada e seu Reino é preparado. Por mais estranho que possa parecer, é preciso assumir o conceito de céu como o meio ambiente que está mais próximo de Deus e lhe corresponde totalmente. O céu, porém, não tem natureza divina; ele é uma parte do mundo criado que deve ser diferenciada do mundo visível. É através dessa diferenciação que o mundo visível pode ser compreendido como criação, o qual existe a partir de Deus.

## Juízo final

Depois de definida a questão de cada um de nós após a morte, a Igreja nos ensina, também, um destino final para a história e para o mundo. Isso ocorrerá no final dos tempos (nunca saberemos quando será) com a vinda de Cristo em poder e glória. Na primeira vez ele veio na humildade do presépio; na segunda, ele se manifestará a todos em sua glória. Quando Cristo vier, ressuscitará todos os mortos; então todos os mortos receberão um corpo glorificado, um corpo espiritual. Nesse dia a história e o mundo estarão diante do juízo de Deus. Nesse juízo tudo estará diante de Deus e será destruída a morte, nossa maior inimiga. Nessa avaliação geral de tudo o que se passou pelo universo criado, serão julgados os totalitarismos, as guerras, as fomes, as violências, as ditaduras, o terrorismo e tudo que causou dor e morte de inocentes.

## *Ressurreição ou reencarnação?*

Algumas pessoas crêem na doutrina da reencarnação. Mas, se compararmos esta com a ressurreição, perceberemos que uma nada tem a ver com a outra e que ambas se excluem.

*Ressurreição* significa *ressurgir, voltar à vida de uma forma nova e plena.* Assim, Jesus ressuscitou porque morreu e, após três dias, voltou a viver no mesmo corpo (observe que seu corpo havia desaparecido do sepulcro; cf. Mt 28,5-7; Mc 16,6; Lc 24, 3-4 e Jo 20,1-9), ainda que este corpo tenha se tornado glorioso, podendo ser tocado (cf. Jo 20,17.27) e também atravessar portas e paredes sem a necessidade de serem abertas ou derrubadas (cf. Jo 20,19). O corpo de Jesus ressuscitado é um corpo semelhante ao que receberemos no final dos tempos.

*Reencarnação* significa *voltar a encarnar, materializar-se novamente.* É uma doutrina antiga, que não possui nenhuma base bíblica, nem encontra amparo na Tradição e no Magistério da Igreja. A doutrina da reencarnação afirma que o espírito do falecido poderá assumir um novo corpo para fins de purificação, ou seja, as sucessivas reencarnações de um espírito o fazem alcançar a perfeição no final deste longo processo, purificando-se assim das culpas e pecados cometidos nas reencarnações anteriores. A reencarnação é um absurdo para o cristão.

Em Hb 9,27 lemos que "para os homens está estabelecido morrerem uma só vez e em seguida vem o juízo". Isso significa que após nossa morte receberemos o veredicto final de Deus: ou estamos salvos ou seremos condenados; e se formos condenados, não haverá outra chance (reencarnação) para chegarmos à perfeição.

Em Lc 23,43 lemos que Jesus afirmou ao bom ladrão que foi crucificado com ele: "Em verdade te digo: ainda hoje estarás comigo no Paraíso". Pela doutrina da reencarnação, apesar de ser um bom ladrão, este não estaria totalmente purificado — pois havia roubado — e precisaria encarnar-se novamente. No entanto, Jesus lhe dá a sentença final: ele está salvo.

Os escritores do Novo Testamento afirmam que Jesus morreu pelos nossos pecados, venceu a morte e, assim, nos garantiu a Vida Eterna. Ora, se houvesse reencarnação, para que precisaríamos de um redentor? Nós mesmos, pelos nossos próprios méritos, alcançaríamos a perfeição e a salvação como Jesus. Logo, a reencarnação recusa a base do cristianismo, que é aceitar Jesus como verdadeiro Deus e Homem e como único redentor da humanidade.

A Bíblia também afirma que os justos herdarão o Reino de Deus, mas os ímpios serão jogados no inferno, onde haverá choro e ranger de dentes. Se a reencarnação fosse possível, não haveria necessidade do inferno, porque os ímpios e até mesmo os demônios poderiam se purificar de suas más obras e encontrariam a salvação.

## *Novos céus e nova terra*

A esperança de todo cristão é que chegue novos céus e uma nova terra, onde justiça e paz se abraçarão, onde os limites entre o visível e o invisível não existam mais. Nessa nova terra e nesses novos céus, Deus mesmo será o sol que iluminará todas as criaturas e assim tudo será comunhão de amor.

Pode-se considerar o céu como o ambiente da presença de

Deus, mas ainda não é o palco do Reino da glória, porque este último supõe também a outra esfera da criação: a terra. Mais, o Reino implica um novo céu e uma nova terra, que se relacionam de uma forma atualmente desconhecida. O Reino deve ser concebido a partir da integração entre céu e terra. O céu é a dimensão atual que aguarda a comunhão plena com a terra na glória da parusia. Então Deus reinará absolutamente sobre toda criação, e céu e terra unidos formarão o hábitat de Deus. No Reino, a diferença entre céu e terra não é abolida nem fundem-se os dois espaços vitais num terceiro ambiente. A terra não se torna celeste nem o céu se torna terrestre, mas ambos deverão se comunicar de uma maneira nova e ilimitada.

*Capítulo 30*

# Preparando o Tríduo Pascal

### ACOLHIDA

Para o apóstolo Paulo, Adão representa a unidade do gênero humano, e a falta de Adão significa que, quanto ao pecado, não há diferenças entre os humanos: "Todos estão sob o domínio do pecado" (Rm 3,9). Jesus propõe o Reino ao ser humano, inaugura uma nova maneira de viver e de relacionar-se com Deus e com a sociedade. Muda os critérios de valores de nossa vida. Sua nova lei traz valores que contradizem aqueles do mundo.

O caminho de Cristo reconstrói o ser humano e deve passar pela conversão, pelo Evangelho, pela porta estreita, pelo amor entregado. O Reino se resume em sua vida oferecida em sacrifício, no sangue derramado e no Espírito entregue a todos. Em sua paixão, Cristo nos ama até o extremo, como servo sofredor que enfrenta o pecado, sofre a morte, desce aos limites da condição humana marcada pelo ódio, pela vingança, pelo egoísmo e pela injustiça. "Não há justo algum, nem um sequer" (Rm 3,10). Mas a cruz de Cristo é universal e mais forte que o contágio do pecado: "Se pela falta de um só todos morreram, com muito mais razão a graça de Deus, aquela graça oferecida por meio de um só homem, Jesus Cristo, foi a todos concedida em abundância" (Rm 5,15).

Cristo não veio para arrancar alguns do mundo mau, mas para salvar a humanidade. Todos são pecadores. Mas Deus oferece o dom do seu amor a todos. "Foi Deus quem reconciliou o mundo consigo, em Cristo" (2Cor 5,19). A obra de Cristo trouxe "a todos os homens a justificação que dá a vida" (Rm 5,18). Ninguém pode, pelas suas próprias forças, fugir aos impasses que são o destino comum de todos os seres humanos. Mas, através de Cristo, a humanidade é salva, e cada um pode a partir de então acolher esta salvação.

Os três dias centrais do ano litúrgico comemoram a paixão, morte e ressurreição do Senhor. São o ponto alto de todo o ano, quando a Igreja maximamente celebra a redenção de Cristo. A iniciação celebrada na Vigília Pascal evidencia que recebemos os sacramentos pascais, igualmente passamos da morte à vida com Cristo e somos configurados nesses mistérios. O que acontece com Cristo acontece com cada um de nós que fomos inseridos nele. O mistério pascal orienta toda a existência cristã.

## A CRUZ DE CRISTO

O que está no centro desses dias é o julgamento do mundo pela cruz de Cristo. De um lado, a resposta humana à encarnação de Cristo, à sua prática libertadora, foi a condenação à cruz, assim como aconteceu na parábola dos vinhateiros homicidas (cf. Lc 20,9-19). Do outro, o Pai acolhe o "sim" do Filho que enfrenta a violência humana e responde com a vida. O Pai ressuscita o Filho da morte; assim, Cristo restabelece o caminho de volta para a casa do Pai.

Como, porém, podemos compreender a morte de Cristo tão violenta na cruz? O que implica isso na vida cristã? Entendemos a cruz como a máxima radicalização da luta empreendida por Cristo contra a vaidade e a mentira deste mundo. Cristo apresenta a solução contra as armadilhas do tentador, inaugura o Reino de justiça e de fraternidade, acolhe o órfão, a viúva e o estrangeiro. Seu Reino está marcado pelos gestos: os coxos andam, os cegos vêem, os mudos falam (cf. Lc 4,18; Mt 15,29).

A chave de solução do drama humano é dada pelo amor, compreendido como serviço de defesa da vida. "Se eu, o Senhor e Mestre, vos lavei os pés, também vós deveis lavar os pés uns aos outros. Dei-vos o exemplo, para que façais assim como eu fiz para vós" (Jo 13,14). O amor é levado às últimas conseqüências: "Ninguém tem maior amor do que aquele que dá a sua vida" (Jo 15,13). "Quem quiser ganhar a sua vida vai perdê-la, e quem quiser perdê-la vai ganhá-la" (Mt 16,25).

O cristão foi associado à cruz de Cristo, que se ergue como o máximo sinal de contradição no mundo, é o amor–serviço–doação de vida levado às últimas conseqüências. "Isto é o meu corpo que é dado por vós [...]. Este cálice é a nova aliança no meu sangue, que é derramado por vós" (Lc 22,19-20).

Assim, viver a Páscoa de Cristo significa assumir o dinamismo da entrega radical da própria vida, compreendida como serviço de amor ao próximo. Perdendo a vida para este mundo, dizemos não à vaidade, à soberba, ao consumismo, e reencontramos o caminho das bem-aventuranças, da manifestação do Reino, em seus sinais de justiça, de solidariedade, de compaixão pelos excluídos.

Somos convidados a viver intensamente a liturgia desses dias com a comunidade paroquial, a qual juntamente com os eleitos renovará, na Vigília Pascal, o batismo com a solene profissão de fé.

# VIVER A PÁSCOA

*Capítulo 31*

# Batismo e confirmação

## ACOLHIDA

São Paulo explica que pelo batismo morremos ao pecado e ressuscitamos para a vida nova da graça. Nascemos com o pecado herdado de nossos primeiros pais (pecado original), e como conseqüência, somos privados da graça. Cristo, porém, livrou-nos desse pecado com sua morte e ressurreição. Sua morte nos faz morrer ao pecado; sua ressurreição nos faz renascer para a vida nova da graça.

O batismo, porta da vida espiritual, propicia a primeira participação na morte e ressurreição de Cristo, marca o começo do itinerário iniciático, constitui o momento inicial de identificação com Cristo no seu mistério pascal, no qual o batizado é transformado radicalmente.

Pelo sacramento da confirmação, há uma nova efusão do Espírito sobre os que foram batizados, assim como o Senhor o derramou sobre os apóstolos em Pentecostes; é a plenitude da inserção do batizado em Cristo, é o aperfeiçoamento da obra que o Espírito Santo iniciou.

## BATISMO: MORRER COM CRISTO

Afirma Romanos 6,5: "Porque se nos tornamos uma coisa só com ele por uma morte semelhante à sua, seremos uma coisa só com ele também por uma ressurreição semelhante à sua".

O batismo recebe seu verdadeiro significado pela comunhão que estabelece entre o batizando e o mistério de Cristo ocorrido na cruz. Da cruz deriva toda a sua realidade. O batismo é participação na *semelhança* da morte de Cristo, naquilo que existe de semelhança entre o acontecimento ocorrido no calvário e o fato de ser imergido e coberto pelas águas na fonte batismal. O cristão morre para este mundo; por isso o batismo é imagem sacramental que guarda identidade com a morte de Jesus.

O batismo nos coloca em contato real com o acontecimento salvífico, a ponto de Paulo dizer: fomos co-crucificados, co-sepultados com Cristo no batismo. Tornamo-nos uma coisa só com Cristo, somos incorporados nele, porque sofremos uma morte semelhante à dele.

O sacramento produz naquele que o recebe a configuração em Cristo. Formamos o seu corpo, a Igreja, da qual ele é a cabeça. O Pai nos recebe como filhos no Filho, pois reconhece no batizado a imagem de seu Filho e o seu Espírito. Pelo batismo assumimos a mesma missão de Cristo, porque nos tornamos seus discípulos e nele fomos incorporados. Agora, a vida inteira do batizado será o tempo próprio para o exercício dessa filiação, para corresponder com retidão de vida ao dom que o Pai lhe deu.

O cristão traz no próprio corpo as marcas da morte de Cristo (cf. Gl 2,19-20; 6,17; 2Cor 4,10-12), isto é, assume a mesma dinâmica que levou Cristo da morte à vitória sobre o tentador deste mundo. Esse exercício de vencer o pecado, o mal, o egoísmo é proposto como missão ou projeto de vida para aquele que foi associado ao seu corpo. A vida cristã é tida como o tempo do desafio, da encarnação no dia-a-dia da morte de Cristo para merecermos a vitória de sua ressurreição. Viver esse amor-doação é a identidade do cristão que foi mergulhado na imensidão do amor de Cristo para servir e amar pela vida afora: "Tornamo-nos uma coisa só com ele por uma morte semelhante à sua" (Rm 6,5).

# A igualdade de filhos

O rito batismal inaugura uma nova maneira de ser e de viver que não encontra espaço e não deixa lugar para exclusão de nenhuma espécie. É de uma Igreja feita de batizados que Paulo vai poder proferir a libertadora afirmação: "Não há judeu nem grego, nem escravo nem livre, nem homem nem mulher, pois todos sois um só em Cristo Jesus" (Gl 3,28). O batismo vai não só mostrar mas também abolir em Cristo todas as diferenças. Cristo faz superar as barreiras de ser branco ou negro, pobre ou rico, homem ou mulher, para construir a sociedade reconciliada, presença do seu Reino instaurado. O batismo inaugura a comunidade universal que não admite discriminações em seus limites de pertença.

À raiz da igualdade nascida das águas batismais proveniente da filiação ao Pai comum, a tremenda desigualdade social, responsável pela exclusão social, é considerada fruto do pecado. Ter um Pai comum nos devolve a consciência da fraternidade universal e questiona diretamente a opulência de uma pequena minoria que gasta às custas da miséria da grande maioria da população. Um Pai que deseja ver a dignidade de seus filhos respeitada, pois são templos do seu Espírito, e não lhe agrada ver a imagem de seu Filho tragada pelo ódio e violência da discriminação social.

A injustiça social assume proporções de ofensa a Deus, que nos criou à sua imagem e semelhança, e se opõe ao mandamento do amor fraterno que Jesus Cristo instituiu como lei da nova e eterna aliança. O encontro com o Cristo pascal gera a vida nova na humanidade, uma vida que torna a todos irmãos, com igual dignidade pelo dom da adoção filial, e nos une na única e universal comunhão do corpo, a Igreja. Quanto mais a humanidade converge para Cristo ressuscitado e penetra a riqueza de sua glória, tanto mais faz experiência da dimensão comunial da vida cristã que tem sua referência na comunhão trinitária (cf. Ef 4,4-6).

O batismo funda um modo específico de ser e de construir a Igreja. Além de incorporar o ser humano a Cristo, outro efeito fundamental do batismo é incorporá-lo a uma comunidade eclesial (1Cor 12,13; Gl 3,27). Por isso, além de produzir a nova identidade — a identidade cristã —, o batismo é o sacramento que configura a Igreja. O modelo de Igreja que surge a partir do batismo é o de uma comunidade dos que assumiram um destino na vida: viver e morrer para os outros como Jesus. São homens e mulheres, guiados pelo Espírito Santo e libertados para viver a liberdade do amor até as últimas conseqüências.

## Quem pode administrar o batismo?

Geralmente quem batiza é o padre ou diácono, mas em caso de necessidade qualquer pessoa pode batizar. Dada a importância e a necessidade do batismo, inclusive, uma pessoa não batizada, contanto que tenha a *intenção* de fazer o que faz a Igreja e o faça corretamente, batiza de verdade. A razão está em que sempre é Cristo quem batiza, como observa santo Agostinho: "Batiza Pedro? Cristo batiza. Batiza João? Cristo batiza. Batiza Judas? Cristo batiza".

### CONFIRMAÇÃO

Antigamente, no início do cristianismo, os adultos eram batizados e recebiam imediatamente a confirmação, a crisma. Isto pretendia mostrar a unidade do mistério pascal: os que são mergulhados na água passam a ser Filhos do Pai porque participam da morte e ressurreição do Filho e com a crisma são confirmados no Espírito Santo.

## A Palavra de Deus

Proclamar: Mateus 3,13-17.

Jesus desce às águas não por necessitar do batismo, e, sim, para santificar as águas. Espírito e missão acham-se presentes na cena do batismo de Cristo no Jordão. Jesus é ungido para levar a termo a missão para a qual o Pai o consagra como Messias-servo (cf. Is 42,1; 49,3; 52,13). Naquele momento se vê confirmado pelo Pai para consumar o Reino inaugurado.

Notar a manifestação trinitária que acontece: a nuvem o envolve (o Pai se manifesta), o Espírito pousa sobre o Messias. Jesus é o Messias que possui o Espírito e por isso o distribui largamente. Esse evangelho nos mostra mais propriamente a unidade e a correlação entre o batismo e a crisma:

> Vós vos tornastes cristos, recebendo o sinal do Espírito Santo, e tudo se cumpriu em vós em imagem, pois sois imagens de Cristo. Ele, quando banhado no rio Jordão e comunicando às águas a força da Divindade, delas saiu e se produziu sobre ele a vinda substancial do Espírito Santo, pousando igual sobre igual. Também a vós, ao sairdes das águas sagradas da piscina, se concede a unção, figura daquela com que Cristo foi ungido [...]. Na verdade, Cristo não foi ungido com óleo ou ungüento material por um homem. Mas foi o Pai que, estabelecendo-o com antecedência como Salvador de todo o universo, o ungiu com o Espírito Santo [...]. Ele foi ungido com o óleo de alegria, por ser causa da alegria espiritual. Vós fostes ungidos com o óleo, feitos partícipes e companheiros de Cristo.[1]

O Espírito é o dom de Cristo Ressuscitado aos seus apóstolos (cf. Jo 20,22) e constitui o cumprimento do mistério pascal. Na ascensão, diz o Ressuscitado aos apóstolos: "Recebereis o poder do Espírito Santo que virá sobre vós, para serdes minhas testemunhas em Jerusalém, por toda a Judéia e Samaria, e até os confins da terra" (At 1,8).

A confirmação expressa e supõe a força especial do Espírito para cumprir a missão profética no mundo; para edificar em unidade a Igreja, Corpo de Cristo, e defender a verdade do Evangelho nas diversas situações da vida.

Do batismo para a crisma há uma progressão, um crescimento e um fortalecimento: "Assinalados na crisma pela doação do mesmo Espírito, são configurados mais perfeitamente ao Senhor".[2] O *Catecismo da Igreja Católica* assim considera os efeitos da confirmação:

---

[1] CIRILO DE JERUSALÉM. *Catequese mistagógica.* 2. ed. Petrópolis, Vozes, 2004. pp. 37-38.

[2] RICA, Observações preliminares gerais, n. 2.

Enraíza-nos mais profundamente na filiação divina [...]; une-nos mais solidamente a Cristo; aumenta em nós os dons do Espírito Santo; torna mais perfeita nossa vinculação com a Igreja; dá-nos uma força especial do Espírito Santo para difundir e defender a fé [...].[3]

A confirmação possui uma identidade própria com um papel específico sobre o batizado, que é o de conferir o Espírito Santo e simbolizar a participação dele em Pentecostes, marcando-o como membro co-participante da missão profética-sacerdotal-real de Cristo com a humanidade.

A confirmação, aperfeiçoamento e prolongamento do batismo, faz avançar os batizados pelo caminho da iniciação cristã, pelo dom do Espírito que capacita o indivíduo a viver as exigências do caminho pascal, rememorado no sacrifício da eucaristia. A confirmação está orientada à participação plena na eucaristia.

Assim incorporados na Páscoa de Cristo, marcados com caráter sacramental, podem associar-se ao sacrifício do Senhor, aprendendo a oferecer-se a si mesmos, seus trabalhos e todas as coisas criadas com Cristo ao Pai, no Espírito.

## A celebração crismal

A crisma é conferida dessa forma:

a) O bispo impõe as mãos sobre os crismandos, como no tempo dos apóstolos. O gesto revela a transmissão do Espírito.

b) Em seguida o bispo profere uma oração que invoca o Espírito e pede que ele derrame os seus dons sobre os crismandos.

c) Quando a pessoa aproxima-se do **bispo**, este unge-lhe a cabeça com óleo perfumado e diz: *Recebe, por este sinal, o Espírito Santo, o dom de Deus.*

d) O **crismado** diz: *Amém*

e) Em seguida repete as palavras de Jesus quando envia seu Espírito: *A paz esteja contigo.*

f) O **crismado** responde: *E contigo também.*

---

[3] Cf. n. 1303.

_Capítulo 32_

# Sacramento da eucaristia

A eucaristia culmina na configuração do ser humano em Cristo e sua incorporação na Igreja. A primeira participação sacramental na eucaristia consuma e aperfeiçoa a iniciação cristã. De alguma maneira, põe ponto final no processo de sua entrada na vida dos filhos de Deus e na comunidade dos que foram salvos.[1]

O eleito, ao ser batizado e receber o selo espiritual, foi iluminado, agora enxerga com os olhos do coração a salvação realizada no sacramento.[2] Quando, ainda catecúmeno, inscreveu-se para receber o batismo, o Senhor abriu-lhe os olhos, tal como havia feito com o cego de nascença.

Diz santo Ambrósio: "Tomaste parte dos sacramentos e tens pleno conhecimento de tudo, uma vez que és batizado em nome da Trindade".[3] "Deus te marcou com um selo e infundiu o Espírito Santo em teu coração. Existe uma distinção de pessoas, mas todo o mistério da Trindade está conexo e produz uma só atuação, uma só santificação."[4] A luz da fé recebida no batismo, a iluminação, possibilita ver as realidades eternas, isto é, permite divisar o mistério da salvação com os olhos do coração.

"Tu foste. Tu te lavaste. Chegaste ao altar. Começaste a ver o que antes não havias visto, quer dizer: pela fonte do Salvador

---

[1] Cf. LÓPEZ MARTIN, J. La eucaristía dominical, actualización permanente de la iniciación cristiana. In: VV.AA. _La iniciación cristiana hoy_; liturgía y catequesis. Jornadas nacionales de liturgia 1988. Madrid, 1989. pp. 281-300; aqui, pp. 282-284.

[2] AMBRÓSIO DE MILÃO. _De Sacramentis_ III, 12. In: _Os sacramentos e os mistérios_; iniciação cristã nos primórdios. Introdução e tradução de P. E. Arns, Comentários de G. M. Agnelo. Petrópolis, Vozes, 1972.

[3] Idem, ibidem, VI, 5.

[4] Idem, ibidem, VI, 5.6.

e pela pregação da Paixão do Senhor, se te abriram os olhos."[5] Depois de ser purificado dos pecados e receber o selo espiritual, o neófito agora é capaz de reconhecer os dons colocados no altar; seus olhos foram iluminados e enxergam mais que o simples pão, mais que o simples vinho; está capacitado para participar nos últimos e mais nobres mistérios; tem acesso ao altar.

## PERFEITA OFERENDA

Na celebração, o sacerdote invoca o Espírito Santo sobre o pão e o vinho para que se mudem no Corpo e no Sangue do Senhor; depois invoca o mesmo Espírito sobre a assembléia reunida, para que, igualmente, recebendo o sacramento do sacrifício, esta se transforme no corpo eclesial de Cristo, forme um só Corpo.

"Olhai com bondade a oferenda da vossa Igreja, reconhecei o sacrifício que nos reconcilia convosco e concedei que, alimentando-nos com o Corpo e o Sangue do vosso Filho, sejamos repletos do Espírito Santo e nos tornemos em Cristo um só corpo e um só espírito"
(Oração Eucarística III).

Muitos grãos de trigo se tornam pão e muitos cachos de uva se transformam em vinho. Na unidade desses produtos da terra com o trabalho das mãos humanas, produzem-se as espécies para a eucaristia. Muitos formam um! Esse é o convite da eucaristia: fazer a unidade. Embora sejam muitos os amigos de Jesus e os que seguem seu caminho, não podemos viver isolados e emancipados da Igreja. Precisamos ser sinal de unidade no mundo. A eucaristia nos interpela à vida de comunhão.

---

[5] Idem, ibidem, III,15.

O acontecimento da Páscoa de Cristo nos alcança no tempo, para que entremos em comunhão de vida e de morte com a entrega de Cristo para a salvação do mundo. Pelo batismo, somos Corpo de Cristo, e é o Cristo inteiro, cabeça e membros que se oferecem pela salvação da humanidade. A dignidade do sacerdócio real conferido pelo batismo e pela crisma associa o fiel ao sacrifício de Cristo e, por isso, participa da ação sacrificial, oferecendo-se a si mesmo em Cristo ao Pai, no Espírito. Assim, aclamamos na Oração Eucarística III: "Fazei de nós uma oferenda perfeita".

A comunhão sacramental no sacrifício do Senhor é a maneira plena de o cristão participar da liturgia e alcançar a graça principal do sacramento: "Quem come a minha carne e bebe o meu sangue permanece em mim, e eu nele" (Jo 6,56). Ou, então, como dizia santo Agostinho: "Seja o que vocês vêem no altar e recebam o que de fato vocês são: corpo de Cristo (*Sermão 272*).

A participação na morte e ressurreição do Senhor e o dom do Espírito integram o batizado no povo sacerdotal, que oferece o sacrifício de Cristo. Assim é toda a Igreja, que apresenta o sacrifício ao Pai. A eucaristia é a consumação da iniciação, pois pela primeira vez o neófito, incorporado à comunidade eclesial, reproduz o único sacrifício, que de agora em diante será o seu. Por isso, o recém-batizado pode agora participar da liturgia eucarística, agora pode oferecer a sua vida ao Pai associada ao sacrifício de Cristo.

A configuração em Cristo, tida como transformação interior e para sempre, ocorrida na iniciação, deve ir consolidando-se, aprofundando-se progressivamente pela participação na vida sacramental da Igreja. Supõe-se que o batizado viva a Páscoa de Cristo cada vez mais real e plenamente; por isso na eucaristia dominical oferece o sacrifício de louvor de toda a sua vida entregue ao Reino. Assim, passamos a compreender a frase paulina: "Completo, na minha carne, o que falta às tribulações de Cristo em favor do seu Corpo que é a Igreja" (Cl 1,24).

## Compromisso

A eucaristia é a presença sacramental do sacrifício de Cristo na cruz. Assim, o pão e o vinho oferecidos para o sacrifício são frutos da terra e expressão de nossa vida doada e do nosso trabalho para a construção de uma sociedade mais justa e fraterna.

Enquanto o cristão não assumir a dinâmica pascal em sua vida, será um cristão de verniz. Quem come do pão e bebe do vinho consagrados deve tornar-se pessoa eucarística, isto é, sua vida, suas atitudes e pensamentos devem ser uma ação de graças a Deus. Não pode haver uma descontinuidade entre o Mestre que se sacrifica para alimentar seus discípulos e os seguidores que agem diferente do Senhor. A existência cristã só tem sentido como serviço de amor, e quem serve doa a vida. Assim como Lucas Vezzaro, de apenas 14 anos, que realizou a máxima evangélica quando, no dia 17 de setembro de 2004, em Erechim (RS), o ônibus escolar em que seguia com mais 16 colegas afundou nas águas do lago de uma barragem, após o motorista perder o controle do veículo. O menino havia conseguido salvar-se, mas retornou três vezes e salvou três colegas; na quarta vez, ficou no fundo das águas.

Quando dizemos que a eucaristia é a comunhão, expressamos claramente que o sacramento nos pede para sermos mais fraternos e solidários. Quem come deste pão e bebe deste vinho já pertence ao mundo novo, da nova aliança que Jesus inaugurou, portanto, deve agir e viver como filho da luz. Um novo homem e uma nova mulher devem nascer do coração da eucaristia, daquele que sabe e acolhe o dom do corpo e sangue de Jesus dado por nós e por todos! Para são Paulo, quem come desse pão sem ter a fé e as condições da comunhão com toda Igreja come e bebe a própria condenação (cf. 1Cor 11,27-29).

## O *domingo*

No início das comunidades cristãs, os seguidores de Jesus observavam o sábado: "No sábado, entraram na sinagoga e sentaram-se.

Depois da leitura da Lei e dos Profetas, os chefes da sinagoga mandaram dizer a eles: Irmãos [...]" (At 13,14). Com a adoção do domingo como o dia do Senhor, observa-se que o costume de guardar o sábado foi substituído devido a um acontecimento que é a razão da fé cristã: a ressurreição de Jesus.

O domingo é a celebração memorial e sacramental da Páscoa do Senhor, como dia do encontro da comunidade com seu Senhor, quando ele se faz experimentável. A Páscoa semanal recorda o memorial vivo da presença do Senhor na comunidade, influindo em nossa história com a mesma força dinâmica do princípio. A entrega do Espírito do Senhor está associada à reunião da assembléia dominical, como também às características próprias do tempo pascal: alegria proveniente da ressurreição, otimismo nascido da vitória sobre a morte, testemunho diante dos sofrimentos, anúncio do Senhor no mundo.

Na eucaristia fazemos memória do sacrifício pascal de Cristo, sua entrega por amor na cruz e sua ressurreição dos mortos. A *liturgia eucarística* constitui a grande oração de ação de graças e de louvor ao Pai por nos ter criado e salvado em Cristo Jesus. A missa, portanto, é eucaristia: ação de graças. Ninguém agradece por obrigação apenas, mas sim por um sentimento de liberdade interior e necessidade de explicitar amor e gratidão. Nesse sentido todo discípulo de Jesus sente-se privilegiado de poder reunir-se semanalmente e participar da eucaristia.

*Capítulo 33*

# Atuar na comunidade

## ACOLHIDA

O tempo pascal é o tempo próprio da missão. Jesus Ressuscitado diz aos apóstolos: "A paz esteja convosco. Como o Pai me enviou também eu vos envio" (Jo 20,21). Refletir sobre a missão cristã nos faz sentir animados pelo Espírito Santo, continuador da missão de Cristo no mundo. Tudo o que fazemos é pelo Reino e nunca em nome próprio ou de qualquer outra pessoa.

## AVALIAÇÃO DO ESTÁGIO

Conhecemos os trabalhos desenvolvidos na comunidade paroquial e também acompanhamos alguns organismos civis e governamentais de nossa cidade. Temos, agora, a oportunidade de apresentar nossas impressões, aquilo que julgamos mais válido nessas ações. Também podemos indicar os desafios que ainda necessitam de crescimento.

Em duplas, as pessoas expõem as experiências. Alguns membros da equipe podem anotar os dados mais significativos para comentar a partilha ajudando a reflexão do seu discernimento.

Aprendemos nesse caminho que ser cristão é ser movido pelo Espírito de doação, de entrega da própria vida para reencontrá-la com um novo sentido. Faz sentido, então, não vivermos mais só para nós, mas colocar nossas forças em favor daqueles que precisam de nossa colaboração para crescerem como pessoas em direção ao Reino. "No estágio, na participação das pastorais e dos grupos organizados da comunidade, descobrimos como podemos nos engajar de várias maneiras diferentes. O importante é escolher aquele jeito de servir, aquela pastoral que mais combina com cada um."[1]

(Pode-se concluir o encontro com cantos próprios do tempo pascal.)

---

[1] BLANKENDAAL, Antonio Francisco. *Catequese com adultos*; catecumenato II. Jequitinhonha (MG), p. 90.

*Capítulo 34*

# As marcas do "caminho de fé"

*Marcas do que se foi,*
*sonhos que vamos ter,*
*como todo dia nasce*
*novo em cada amanhecer.*[1]

Essa música é cantada no fim do ano, enquanto se espera a virada para o ano vindouro. Ela nos inspira no final desse tempo catecumenal. Vale a pena rever a estrada percorrida e registrar os pontos que marcaram a nossa vida. É hora de ver o que ficou marcado em nós depois de acolher, meditar e viver a fé em Cristo. É tempo de animar os sonhos e projetos que o caminho nos propõe. É preciso perceber que o cristianismo nunca envelhece, porque a Boa-Nova de Jesus nasce nova a cada manhã, nos desafiando e nos atraindo para o seguimento livre e feliz pelas estradas do Evangelho.

## OS MONUMENTOS DA FÉ

Quando a experiência humana é afetada pelo dom da fé, ocorre a transformação. A vida se enche de sentido e o coração, de alegria. A razão encontra respostas, e as buscas remetem ao infinito. O encontro entre o humano que procura e o Deus que se deixa encontrar modifica o viver. Essa atitude, tão expressiva para o ser humano, muitas vezes é apresentada de forma visível, material e perene. Há muitos monumentos que a fé edificou para proclamar sua grandeza sobre todas as coisas existentes. Diversas

---

[1] *Marcas do que se foi*. Autoria: Os Incríveis.

culturas e diferentes religiões conhecem uma grande quantidade de templos, santuários, altares e as mais diversas edificações que registram a importância do lugar e do tempo para a experiência do encontro com Deus.

Em Jerusalém os cristãos visitam os lugares sagrados onde Jesus passou: o lago de Genesaré (mar da Galiléia), o monte das Bem-aventuranças, o jardim das Oliveiras, o local da crucificação e o túmulo de Jesus, onde se recorda sua ressurreição. São locais que lembram um acontecimento do passado. Hoje, ali estão edificadas igrejas que fazem pensar sobre o significado daqueles lugares. A presença de Jesus, naquele tempo, agindo com seu povo, tornou aqueles espaços sagrados. Em Roma, os cristãos ergueram a Basílica sobre o túmulo do apóstolo Pedro. Muitas outras igrejas e santuários remetem à experiência humana da aliança com Deus e por isso demarca-se o lugar para celebrar o encontro.

## AS MARCAS DA FÉ

A Bíblia registra pessoas que edificavam monumentos, altares e marcos para recordar a ação amorosa de Deus ao longo da história.

## Os *altares de Abraão*

O início da aliança de Deus com a humanidade se deu com Abraão em Ur, na Caldéia (atual Iraque). Naquelas terras o pastor Abraão reconheceu que Deus é um só, que se comunica com a humanidade e convida o ser humano a responder ao seu chamado mediante a obediência da fé.

Abraão confiou naquele que o chamava e acreditou na sua promessa. Deus disse a ele:

> Sai da tua terra, do meio dos teus parentes e da casa de teu pai, e vai para a terra que eu te mostrarei. Farei de ti um grande povo e abençoar-te-ei; tornarei famoso o teu nome, de modo que seja uma bênção [...]. Em ti, todas as famílias da terra serão abençoadas (Gn 12,1-3).

A terra, rumo à qual começa a caminhar aquele homem guiado pela voz de Deus, *não* pertence exclusivamente a um lugar geográfico. Abraão caminha na direção de uma terra prometida que não é deste mundo.

Abraão se encontra na origem da nossa fé, faz parte do eterno desígnio divino. Só assim podemos compreender o justo significado da obediência de Abraão que, "esperando contra toda a esperança [...], acreditou" (Rm 4,18). Esperou tornar-se pai de numerosas nações, conforme a promessa de Deus que continua a se realizar ao longo dos séculos, de geração em geração.

Nós "acreditamos n'aquele que ressuscitou dos mortos, Jesus nosso Senhor" (Rm 4,24), condenado à morte e ressuscitado. Abraão não tinha tudo claro; todavia, mediante a obediência da fé, dirigia-se para o cumprimento de todas as promessas divinas, animado pela esperança de que estas se realizassem. Na fé de Abraão, contudo, Deus firmou uma aliança eterna com o gênero humano, e o cumprimento definitivo dessa aliança é Jesus Cristo.

Conforme Abraão percebia a presença misteriosa e amiga de Deus, demarcava territórios, erguia monumentos, simbolizava materialmente sua fé.

Para louvar o Deus que lhe prometera a terra, Abraão edifica um altar em Siquém: "O Senhor apareceu a Abraão e disse-lhe: 'Darei esta terra à tua posteridade'. Abraão edificou um altar ao Senhor, que lhe tinha aparecido" (Gn 12,7).

Abraão era nômade, migrante, mas no caminho parava e rezava diante de altares que havia construído no passado. De sua memória não saía a experiência fundamental de ter-se encontrado com Deus e mudado a sua vida e a de sua família:

> Ele foi de acampamento em acampamento de Negeb até Betel, ao lugar onde uma vez já armara sua tenda, entre Betel e Hai, no lugar onde se encontrava o altar que havia edificado antes. Ali invocou o nome do Senhor (Gn 13,3s).

Diante dos carvalhos de Mambré, ele construiu mais um altar. Dessa forma, ele foi marcando sua trajetória com sinais que uniam sua vida e sua fé. Sua existência ficou profundamente unida à experiência do encontro com Deus: "Abraão levantou as suas tendas e veio fixar-se no vale dos carvalhos de Mambré, que estão em Hebrom; ali, edificou um altar ao senhor" (Gn 13,18).

Certa feita ele plantou um arbusto que produzia flores com sementes: a tamariz. Com esse gesto ele visualizou sua oração: "Abraão plantou uma tamariz em Bersabéia e invocou ali o nome do Senhor, Deus da eternidade" (Gn 21,33).

A experiência de Abraão se estendeu pelas gerações futuras. Seu filho e netos continuaram a fé no Deus único e vivo. Eles expressavam essa confiança erigindo monumentos e altares por onde passavam. Assim fez Isaac, o filho de Abraão:

> Isaac subiu a Bersaléia. Naquela mesma noite o Senhor apareceu--lhe: "Eu sou o Deus de Abraão, teu pai. Nada temas, estou contigo. Eu te abençoarei e multiplicarei tua descendência por causa de Abraão, meu servo". Isaac construiu um altar nesse lugar e invocou o nome do Senhor. Levantou depois ali sua tenda e seus escravos cavaram um poço (Gn 26,23-25).

O neto de Abraão, após ter sonhado com Deus, sentiu tanto a sua presença, que ao acordar ungiu a pedra sobre a qual dormira e a constituiu um sinal para aquele lugar sagrado de encontro com o Senhor:

> Jacó, despertando de seu sono, exclamou: "Em verdade, o Senhor está neste lugar, e eu não sabia!". E, cheio de pavor, ajuntou: "Quão terrível é este lugar! É nada menos que a casa de Deus; é aqui a porta do céu". No dia seguinte pela manhã, tomou Jacó a pedra sobre a qual pousara a cabeça e a erigiu em estela,[2] derramando óleo sobre ela (Gn 28,20-22).

Na mesma direção, age Josué, o sucessor de Moisés. Certa feita ele pegou uma pedra e colocou-a como testemunha material para o povo. A pedra evocava a lembrança do que Deus falara ao seu povo:

---

[2] É uma coluna ou placa de pedra que os antigos usavam para demarcar monumentos.

Josué escreveu tudo isto no livro da lei de Deus, tomou em seguida uma pedra muito grande e erigiu-a ali, depois do carvalho que estava no santuário do Senhor. E disse a todo o povo: "Esta pedra servirá de testemunho contra nós, porque ela ouviu todas as palavras que o Senhor nos disse; ela servirá de testemunho contra vós, para que não abandoneis o vosso Deus" (Js 24,26s).

Altares, pedras, árvores, a terra: tudo serve para visualizar o encontro maravilhoso da criatura humana com o Deus único e verdadeiro. Encontro invisível aos olhos, mas totalmente perceptível ao coração e à mente de quem se deixou tocar pelo amor de Deus. É por isso que nasce o impulso de materializar o encontro, de sacralizar o lugar, de santificar o tempo.

## Os sinais do caminho

Em nosso caminho catecumenal também aconteceram experiências pessoais de encontro com o Deus de Jesus Cristo. Como no tempo de Abraão, Deus fala conosco e pede a nossa confiança mediante a fé. Há muitos sinais ao longo do percurso da fé. Há palavras que marcaram, há músicas que tocaram, há sonhos que não foram esquecidos, há pessoas que mudaram nossa vida, há sofrimentos que nos purificaram, há alegrias que nos contagiaram.

Cada um de nós sabe muito bem como Deus foi falando conosco neste tempo. Todos sabemos também que ele continua a se comunicar conosco, revelando seu amor incondicional e infinito.

### ATIVIDADE

*Material*: cartolina ou papel para fazer cartaz. Pincel atômico, canetas hidrográficas, revistas, jornais, cola, tesoura.

Quando uma pessoa escreve os dados mais importantes de sua vida, ela faz a sua biografia. É uma leitura dos principais fatos de sua existência. Hoje, porém, vamos fazer um exercício que sintetiza e resume nossa catequese. Vamos fazer a nossa "teografia", isto é, vamos registrar por escrito os momentos mais fortes da caminhada.

Teografia é fazer a memória dos marcos, dos sinais ou dos altares construídos pelas pessoas, como memória da experiência do encontro com Deus. Vamos recordar alegrias e surpresas. Lembremos também os momentos de dúvidas e dificuldades, mas não deixemos de pontuar as vezes que sentimos a mão de Deus sobre nós. Podemos recordar as frases bíblicas que mais nos tocaram e expressar os encontros que mais nos ajudaram a crescer. Devemos registrar também os compromissos que a fé nos sugere.

Inicialmente cada um de nós faz a sua teografia individual numa folha. Num segundo momento vamos partilhar momentos fortes do grupo.

Finalmente, fazemos a teografia do nosso grupo. Catequistas e catequizandos fazem memória do quanto Deus caminhou com o grupo nesse tempo. Utilizando cartolina, recortes de revistas ou mesmo desenhando, vamos fazer uma linha do tempo, colocando os momentos marcantes da catequese.

Exemplo: *A teografia de Jesus*

| Belém | Jordão | Deserto | Monte Tabor | Montanha | Cruz | Jardim da Ressurreição | Cenáculo |
|---|---|---|---|---|---|---|---|
| (Nascimento) | (Batismo) | (Vencer as tentações) | (Transfiguração) | (Pregação) | (Morte) | (Vida eterna) | (Envio do Espírito) |

# Sumário

Introdução ............................................................ 7

### ENCONTREI O SENHOR

1. Formamos um grupo .......................................... 13

2. Encontrar Jesus.................................................. 17

3. Jesus Cristo ontem, hoje e sempre ...................... 25

4. Caminhar com Jesus ......................................... 33

5. Preparação da entrada no catecumenato ............. 39

6. Celebração da entrada no catecumenato ............. 43

### A ESTRADA DA FÉ

7. A Palavra de Deus ............................................ 53

8. Celebração da Palavra na missa ......................... 61

9. Eu creio ........................................................... 67

10. Deus, a Trindade santa .................................... 73

11. O Pai, Criador do céu e da terra ..................... 81

12. Deus liberta seu povo ..................................... 91

13. Profetas em nome de Deus .............................. 99

14. O nascimento de Jesus ................................... 109

15. O pai-nosso ................................................................ 115

16. Entrega do Símbolo e da Oração do pai-nosso ........................... 121

17. O Reino em parábolas ..................................................... 123

18. Estágio pastoral .......................................................... 125

19. O memorial da Páscoa ..................................................... 129

20. Cruz e morte de Jesus .................................................... 135

21. A ressurreição de Jesus .................................................. 143

22. Creio no Espírito Santo .................................................. 149

23. Creio na Igreja .......................................................... 155

24. Sacramentos: sinais de amor .............................................. 161

### AS LUZES NA CAMINHADA

25. Quaresma: tempo de conversão ............................................. 169

26. Eleição .................................................................. 171

27. 1º escrutínio: água para nossa sede ..................................... 177

28. O sacramento da penitência .............................................. 181

29. Vida plena ............................................................... 187

30. Preparando o Tríduo Pascal .............................................. 195

### VIVER A PÁSCOA

31. Batismo e confirmação .................................................... 201

32. Sacramento da eucaristia ................................................. 207

33. Atuar na comunidade ...................................................... 213

34. As marcas do "caminho de fé" ............................................. 215

Rua Dona Inácia Uchoa, 62
04110-020 – São Paulo – SP (Brasil)
Tel.: (11) 2125-3500
http://www.paulinas.com.br – editora@paulinas.com.br
Telemarketing e SAC: 0800-7010081